本書の構成と利用法

本書は，大学入学共通テストの英語(リスニング)に向けての問題形式別の演習と実践練習のために編集されたオリジナルの問題集です。形式，内容，レベル，実施時間など，すべて大学入学共通テストに基づいています。

音声は，紙面上の二次元コードからも聞くことができます。

大学入学共通テスト 英語(リスニング)の概要と設問別分析

実際の大学入学共通テストをもとに，リスニング問題の概要や特徴などをまとめ，各大問について分析しました。問題形式ごとに，聞き取りの注意点や正解を導くためのポイントにも触れていますので，問題にあたる前にひと通り読んでみましょう。

問題(問題形式別10分)×25レッスン

◎表面：大学入学共通テストの問題形式別の練習問題です。

＊1-1，＊1-2 などの番号は，CD のディスク番号とトラック番号を示します。

◎裏面：Column

Sound Column(Lesson 1～16)

…音声の聞き取りのコツや注意すべき点などを扱ったコラム

Information Column(Lesson 17～22)

…問題のテーマに関する背景情報を扱ったコラム

Dictation

…各回の問題スクリプトから出題しています。英文を完成させたら，その英文を音読してみましょう。

問題(本番形式30分)×２回

実践練習用のテスト問題は２回分用意しています。解き終わったら巻末のふり返りシートに得点を記入して，今後の学習に役立てましょう。

本書を使ってリスニング力を高めることは，大学入学共通テストをはじめとする大学入試や外部試験のリスニング問題に対処するためだけでなく，英語でのコミュニケーション能力を高め，使える英語を身につけるのにも役立つでしょう。有効に活用して，英語の力を伸ばしてください。

大学入学共通テスト
英語(リスニング)の概要と設問別分析

■リーディングとリスニングの配点が同じになり，リスニング対策がますます重要に！

●リスニングはリーディングと同じ100点です。センター試験(リーディング200点・リスニング50点)よりもリスニングの比重が高くなりました。

■「思考力・判断力・表現力」が問われる！

●リスニングの場合には，スクリプトの内容がそのまま正答の選択肢に反映されるわけではなく，例えば，読み上げられる内容からどのような状況であるかを思考・判断することが求められる設問が見られます。

●話者の立場を判断する問題や，複数の説明の中から最も条件に合うものを比較して選ぶ問題など，思考だけにとどまらず判断力を要する設問が見られます。

■「知識・技能」については「活用する力」が必要！

●「知識・技能」は語彙や文法といった言語材料や音声に関することと考えてよいでしょう。

●知識としての文法ではなく文法の活用を意識した設問も出題されることが考えられます。

●音声面では，アメリカ英語以外の読み上げ(イギリス英語や英語を母語としない話者による読み上げ)もおこなわれています。ただし，英語を母語としない話者による発話であっても，極端に発音が異なるということはありません。

■設問別の対策を十分に！　前半の２回読みの問題で高得点を！

●第３問以降の問題は１回読みということもあり，難易度が上がります。一方，第２問までの問題は２回読みで，取り組みやすい問題といえるでしょう。

●配点は全体的に大きく変わりませんので，設問別の対策をしっかりおこなって，序盤の易しい問題で取りこぼしをしないことが重要です。

●第４問以降の長めの英文を聞く問題では，必要に応じてメモを取りましょう。設問の選択肢をふまえて「何を聞き分けるべきか」を予測したうえで，大切だと思う情報のメモを取るとよいでしょう。

第1問A	単一の人物の発話が読み上げられ，それに最も近い意味の短い英文を選択する問題。
	【小問数】 4問　　【配点】 各4点
	【読み上げ回数】 2回　　【スクリプト】 10～20語

● 問われる知識・技能 ●

第1問は単一の人物の発話というスクリプトの性格上，話の展開よりも言語材料の知識が必要とされる割合が比較的大きいと考えられる。また，短縮，脱落，連結，同化，強形と弱形，抑揚などの音変化にも注意する。

● 問われる思考力・判断力・表現力 ●

受検者が音声再生前に見られるのは選択肢の4つの英文だけで，読むための時間は与えられないため，音声を聞いて瞬時に，発話がなされる場面をイメージする必要がある。第2問以降とは異なり，第1問では発話の場面は明示されないので，だれの，だれに対する発言なのかを理解することがポイントとなる問題もある。

第1問B	単一の人物の発話が読み上げられ，その内容を表すイラストを選択する問題。
	【小問数】 3問　　【配点】 各3点
	【読み上げ回数】 2回　　【スクリプト】 10～20語

● 問われる知識・技能 ●

第1問Aと同様，文法事項や慣用表現など，ある程度の言語材料の知識が必要になるだろう。あまり発展的な文法事項や表現は出題されないと考えられるが，基本的な文法や試験で問われやすい頻出のイディオムなどはおさえておきたい。

● 問われる思考力・判断力・表現力 ●

第1問Aと同様，発話の場面は明示されない。第1問Bのスクリプトはその内容を画像・イメージとして把握して判断することを念頭に置いておくべきである。

第２問	２人による対話が読み上げられ，最後に質問の英文が読み上げられる。その答えとして最も適切なイラストを選択する問題。 【小問数】４問　【配点】各４点 【読み上げ回数】２回　【スクリプト】20～30語

● 問われる知識・技能 ●

第１問と同様に，この問題でも言語材料の知識が要求される。また，単一の人物の発話であった第１問と異なり，第２問のスクリプトは対話形式なので，イントネーションなどの音声面の知識も重要になる。例えば，上昇調で読まれる平叙文が相手に対する疑問であることなどを理解しておく必要がある。また，２人のやり取りの中で与えられた情報が追加・修正されていく点がポイントである。対話に応じてイメージが段階的に作られていくので，対話を正確に追いかける能力が要求される。

● 問われる思考力・判断力・表現力 ●

設問文に「対話の場面が日本語で書かれています」とあるように，第２問以降はすべて場面が提示されているので，その場面での会話・発言であることをまずは確認しておく。

センター試験と比較すると，場面が示されることで，スクリプトからは場面描写にあたる発言(例：I've enjoyed watching animals in the zoo. など)が削減されており，そのぶん解答に必要な情報の密度が濃くなっているといえ，むしろ難易度は上昇したと見ることもできる。必要な情報を聞き取り，さらにそれに対する聞き手の意見や判断(Yes なのか No なのか)を確認し，最後に質問を聞いて何が問われているかを把握して解答する。

第３問	２人による対話が読み上げられ，その答えとして最も適切な語句や文を選択する問題。 【小問数】６問　【配点】各３点 【読み上げ回数】１回　【スクリプト】40～50語

● 問われる知識・技能 ●

この問題も第２問までと同様，言語材料の知識が要求される。質問文に事前に目を通し，「聞くべきポイント」を把握すれば，あとはキーワードを聞き取るだけで正解を導くことができる。

● 問われる思考力・判断力・表現力 ●

第２問と異なり，第３問では質問文も提示されているので，どのような情報に注意を払うべきか，音声を聞く前に目星をつけるようにしたい。

第４問Ａ	単一の人物によるやや長めの発話が読み上げられ，イラストを時系列に並べたり，情報をもとに図表中の４つの空所を埋める問題。 【小問数】８問　【配点】４点・１点×4 【読み上げ回数】１回　【スクリプト】70～100語程度

● 問われる知識・技能 ●

第４問Ａはグラフを完成させる設問あるいは時系列に沿ってイラストを並べかえる設問と，表を完成させる設問で構成される。１回しか音声を聞くことができないので，メモを取るなど情報を頭に残しておくよう工夫が必要である。

● 問われる思考力・判断力・表現力 ●

問18～21は，単純に説明が聞こえてくる順番に選択肢を選んでいけばよいというわけではない場合もあるので注意が必要。音声は１回しか読まれず，問題終了後のインターバルは約15秒しかないが，事前に問題文と図表を読む時間が約10秒与えられるのでしっかりと目を通しておく。

問22～25は，読み上げられるルールに則して表を補うことになるため，まずはこのルールの部分を確実に聞き取ってメモを取る。事前に問題文と図表を読む時間が約20秒，音声終了後には約40秒のインターバルがあるため，メモを解答に落とし込むのに十分な時間がある。

第4問B	4人の発話が順番に読み上げられ，提示された3つの条件をすべて満たす一つを選択する問題。 【小問数】1問　【配点】4点 【読み上げ回数】1回　【スクリプト】30〜50語×4

● 問われる知識・技能 ●

1人ずつ発話がおこなわれ，合計4人の発話を聞くことになるが，アメリカ英語以外の多様な英語を聞くことになる。日本人を想定したと思われる英語を母語としない話者による発話が含まれるが，一般的な発音との違いはあまり顕著なものでなく，通常の音声学習で十分解答できるものと思われる。

また，語彙の面でも，4人の発話はパラフレーズされており，別の表現で同じことを述べている点に気づくことも重要となる。

● 問われる思考力・判断力・表現力 ●

複数の情報を聞き，条件がすべて合致するものを選ばなければならないため，事前にどの情報に注意して聞き取るか目星をつけておく。場合によっては印などを付けておくのも有効である。複数の異なる見解を聞き，それぞれの話者の意図を把握して，条件に合致させるという，まさしく思考力・判断力を問う典型的な問題であろう。

また，1回しか音声を聞くことができないので，集中力を切らさないことがポイントである。

第５問	単一の人物による長めの発話が読み上げられ，ワークシート中の空所を埋めながら，講義の骨子を把握する問題。及び，その続きの発話が読み上げられ，最初に読み上げられた情報と提示された図表とを合わせて正しい内容を選ぶ問題。 【小問数】７問　　【配点】２～４点 【読み上げ回数】１回　　【スクリプト】250語程度・40語程度

● 問われる知識・技能 ●

言語材料の知識が必要になるのはもちろんだが，主に問いたい資質・能力に，「論理の構成や展開及び表現」が第５問から追加されていることに注目する。まとまった講義の英文を聞く問題では，最初に主題が述べられ，その後で具体的な内容に入っていくという一般的な文章構成を知っていれば，主題が何で，具体的な説明としてどのようなことが述べられるかに注意して聞くことができる。

もっとも，リスニングで聞き取る音声はパラグラフの切れ目がリーディングのそれほど明確ではない(若干のポーズがあるのみ)ので，どこで話が切りかわるかを把握できるようにするためには日頃から長めの英文の聞き取りに慣れておく必要がある。また，講義という場面の性格上，第４問までと比べて表現がかたかったり，ディスコースマーカーが多く使用されるといった特徴がある。

話題としてはやや社会的な内容が扱われるため，教科書などでさまざまな題材に触れる機会を通じて，話題の背景知識を得ておくことも聞き取りの助けとなる。

問題の形式としては，ワークシートやグラフなどの文字情報と，音声によって聞く情報を組み合わせて解答する問題である。必要な情報をすばやく読んで理解するリーディングの技能も重要になってくる。ワークシートを読むために事前に約60秒のインターバルが与えられるが，ワークシートと選択肢すべてを読み込むことは難しいので，情報の取捨選択をしなければならない。まず，表の空所にどのような情報を補うのかを把握するとよい。聞き取りの後にも約60秒のインターバルが設けられるので，その間にメモを解答に落とし込んでいく。

● 問われる思考力・判断力・表現力 ●

図表の情報とスクリプト全体を合わせて思考・判断することが求められている。普段からさまざまなトピックに関する知見を深めておくとよいだろう。

第6問A	2人によるやや長めの対話が読み上げられ，2人の主張の要点を選択する問題。 【小問数】2問　【配点】各3点 【読み上げ回数】1回　【スクリプト】180語程度

● 問われる知識・技能 ●

第5問に続き，話題に関する背景知識を持っていることが聞き取りの助けとなる。

● 問われる思考力・判断力・表現力 ●

第6問Aでは，スクリプトと解答の選択肢間でのパラフレーズが積極的におこなわれている。そのため，語彙の知識も要求されるが，それぞれの話者がどのようなことを主張しているかを判断しなければ正解の選択肢を選ぶことはできない。やり取りの流れを正確に把握し，それに基づいて設問に答える力が要求されている。

第6問B	4人による長めの会話が読み上げられ，条件に該当する人の数を選択する問題。及び，会話のメインとなる人物の意見を支持する図表を選択する問題。 【小問数】2問　【配点】各4点 【読み上げ回数】1回　【スクリプト】200語程度

● 問われる知識・技能 ●

第5問・第6問は総じて，時事的な話題などについて普段から背景知識に触れておくことが重要になる。4人の話者の中には，日本人を想定したと思われる英語を母語としない話者も含まれるので，音声の違いに惑わされて内容を聞き逃さないように注意する。

● 問われる思考力・判断力・表現力 ●

第6問Bは4人のディスカッション形式で会話が進行する。4人が入れ代わり立ち代わり発言する中で，だれがどの意見を述べたのかを整理する必要がある。次に話す人物の名前を呼びかけたり，発話の最初で自己紹介をすることで発話者の名前がわかるようになっているので，メモを取りながらそれぞれの人物の意見や主張のポイントを正確におさえることが重要である。

Lesson 1

第１問A対応

1-1 英語を聞き，それぞれの内容と最もよく合っているものを，四つの選択肢（①～④）のうちから一つずつ選びなさい。**音声は２回流れます。**

1-2 **問１**
① The speaker arrived at school earlier than usual.
② The speaker arrived at school on time.
③ The speaker arrived late at school by 5 minutes.
④ The speaker was absent from school.

1-3 **問２**
① The speaker doesn't go to the gym on the weekend.
② The speaker swims longer on the weekend.
③ The speaker swims shorter on the weekend.
④ The speaker swims the same length every day.

1-4 **問３**
① The speaker has cooked for about 10 years.
② The speaker is cooking at an elementary school.
③ The speaker is too young to cook.
④ The speaker hasn't cooked since elementary school.

1-5 **問４**
① The speaker had to wake up early on Sunday morning.
② The speaker wanted to go for a walk early on Sunday morning.
③ The speaker wanted to wake up early on Sunday morning.
④ The speaker was able to sleep late on Sunday morning.

Answer Sheet

Active Listening
共通テスト対応
Lesson 1

問１
① ② ③ ④
（４点）

問２
① ② ③ ④
（４点）

問３
① ② ③ ④
（４点）

問４
① ② ③ ④
（４点）

Total
/16

Class ……………

No. ……………

Name ……………

Sound Column 1

つながる音

いくつかの単語がつながって発音され，知っているはずの単語が一つの知らない単語のように聞こえることがある。たとえば，a pair of の，pair の[r]と of の[ə]がつながって発音され，「ア　ペアロヴ」のように聞こえる。

a pair of	fill in	join us
keep on	not at all	king and queen
back up	give up	half an hour

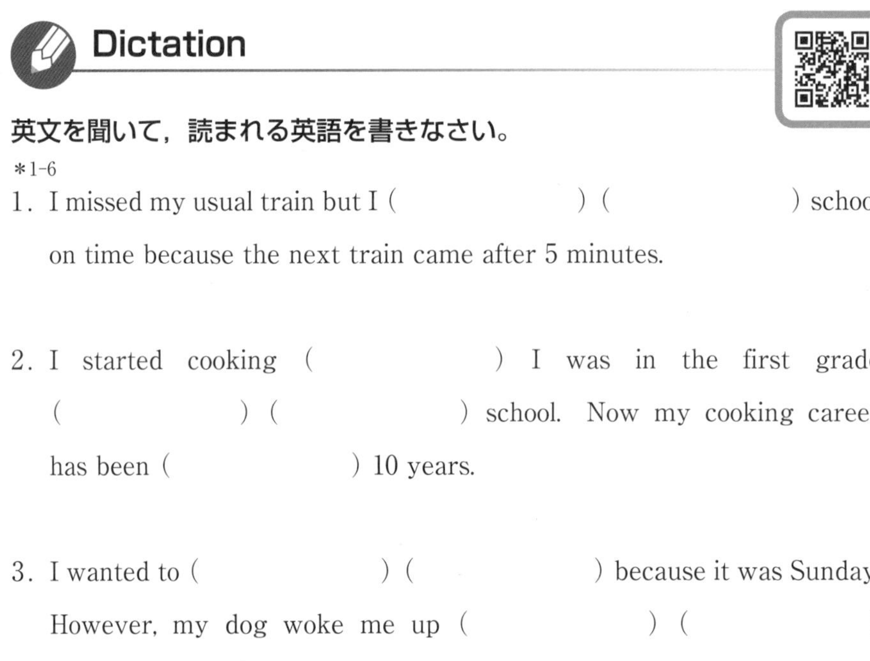

Dictation

英文を聞いて，読まれる英語を書きなさい。

＊1-6

1. I missed my usual train but I (　　　　　　) (　　　　　　) school on time because the next train came after 5 minutes.

2. I started cooking (　　　　　　) I was in the first grade (　　　　　　) (　　　　　　) school. Now my cooking career has been (　　　　　　) 10 years.

3. I wanted to (　　　　　　) (　　　　　　) because it was Sunday. However, my dog woke me up (　　　　　　) (　　　　　　) (　　　　　　) at six.

音読しよう　完成した文を音読しよう。☑　スピーキング・トレーナー
62語÷[　　　]×60=[　　　] wpm

Lesson
2

第１問A対応

*1-7 英語を聞き，それぞれの内容と最もよく合っているものを，四つの選択肢（①～④）のうちから一つずつ選びなさい。**音声は２回流れます。**

*1-8 **問1**
① Beth always waits for the speaker.
② The speaker always keeps Beth waiting.
③ The speaker always makes Beth angry.
④ The speaker is always annoyed by Beth.

*1-9 **問2**
① The speaker saw someone taking a nap on the sofa.
② The speaker tapped someone on the shoulder while he was sleeping.
③ Someone tapped on the sofa while taking a nap.
④ Someone touched him while the speaker was sleeping.

*1-10 **問3**
① Fifteen buses stop at the bus stop.
② The bus leaves every hour on the fifteen.
③ The bus runs every fifty minutes.
④ The bus runs four times per hour.

*1-11 **問4**
① He didn't get up this morning.
② He got sick during the class today.
③ He overslept this morning.
④ He wasn't absent from class today.

Answer Sheet

Active Listening
共通テスト対応
Lesson 2

問1
① ② ③ ④
（4点）

問2
① ② ③ ④
（4点）

問3
① ② ③ ④
（4点）

問4
① ② ③ ④
（4点）

Total
/16

Class

No.

Name

Sound Column 2

変化する音

複数の単語が連続して速く発音されるときに，違う音に変化して聞こえることがある。たとえば，would you の場合 would の[d]と you の[ju]が連続して速く発音されると，[d]と[j]が[dʒ]のような音に変化して，「ウヂュー」のように聞こえる。また，[t]の音が母音に挟まれている場合，[t]はラ行のような音に変化することがあり，たとえば get out は「ゲラウト」のように聞こえる。

would you	could you	won't you
thank you	let you	miss you
get out	right away	

Dictation

英文を聞いて，読まれる英語を書きなさい。

＊1-12

1．Tom was (　　　　) (　　　　) (　　　　) today because he felt sick when he (　　　　) (　　　　) this morning.

2．The timetable of the bus stop says that buses leave every 15 minutes from (　　　　) (　　　　) to 5:00 p.m.

3．(　　　　) (　　　　) was taking (　　　　) (　　　　) on the sofa, I felt someone tap me on the shoulder.

音読しよう　完成した文を音読しよう。☑　スピーキング・トレーナー

52語÷[　　　]×60=[　　　] wpm

Lesson 3

第１問B対応

Answer Sheet

1-13 英語を聞き，それぞれの内容と最もよく合っている絵を，四つの選択肢（①～④）のうちから一つずつ選びなさい。**音声は２回流れます。**

1-14 **問１**

①

②

③

④

1-15 **問２**

①

②

③

④

1-16 **問３**

①

②

③

④

Active Listening
共通テスト対応
Lesson 3

問１
① ② ③ ④
（３点）

問２
① ② ③ ④
（３点）

問３
① ② ③ ④
（３点）

Total

/9

Class

No.

Name

Sound Column 3

消える音

自然なスピードの発話では，単語同士がつながって発音され，ある単語の最後の音と次の単語の最初の音が同じか似た子音の場合，前の語の最後の子音が発音されないか，非常に弱くなる。たとえば，good dancer では，good の[d]が dancer の[d]に影響されて消えてしまう。また，him，her，them などの最初の音が弱くなって消えるパターンもある。たとえば，like them では like の[k]と them の[ð]が連続して速く発音されると，them の[ð]が非常に弱くなって，「ライケム」または「ライクェム」のように聞こえる。

good dancer	big game	deep purple
what time	English show	take care
like them	take him	love him
give her	tell her	with them

Dictation

英文を聞いて，読まれる英語を書きなさい。

＊1-17

1．When I arrived at the (　　　　　　), the host was (　　　　　　) (　　　　　　) make a toast.

2．I had a fever so I (　　　　　　) (　　　　　　) stay home, but I couldn't.　I (　　　　　　) (　　　　　　) take a math test today.

3．I (　　　　　　) (　　　　　　) jog in the morning, but now I (　　　　　　) (　　　　　　) (　　　　　　) to escape the heat in summer.

音読しよう　完成した文を音読しよう。☑　スピーキング・トレーナー

54語÷[　　　　]×60=[　　　　]wpm

第1問B対応

Answer Sheet

1-18 英語を聞き，それぞれの内容と最もよく合っている絵を，四つの選択肢（①～④）のうちから一つずつ選びなさい。**音声は2回流れます。**

1-19 **問1**

①

④

1-20 **問2**

①

Concert hall

②

③

④

1-21 **問3**

①

②

③

④

Active Listening
共通テスト対応
Lesson 4

問1
① ② ③ ④
（3点）

問2
① ② ③ ④
（3点）

問3
① ② ③ ④
（3点）

Total

/9

Class

No.

Name

Sound Column 4

数字の聞き取り①

以下の数字の組み合わせは，リスニングテストでは問われやすいので注意して聞くようにしよう。アクセントの位置に注意すると聞き分けやすい。

12	20	twélve	twénty	16	60	sixtéen	síxty
13	30	thirtéen	thírty	17	70	seventéen	séventy
14	40	fourtéen	fórty	18	80	eightéen	éighty
15	50	fiftéen	fífty	19	90	ninetéen	nínety

three seven（3時7分）や，four 20-pound bills（20ポンド札4枚）など，数字が連続する場合がある。聞いただけで場面をイメージできるよう，数字を使った表現に慣れておこう。

Dictation

英文を聞いて，読まれる英語を書きなさい。

＊1-22

1．We are singing in the concert hall in (　　　　　) (　　　　　).

2．There stand (　　　　　) (　　　　　) (　　　　　) surrounded by less tall ones.

3．I have (　　　　　) (　　　　　)-(　　　　　)-yen bills and (　　　　　) (　　　　　) and thirty-five yen.

音読しよう　完成した文を音読しよう。☑　スピーキング・トレーナー

31語÷[　　　]×60=[　　　] wpm

第２問対応

1-23 それぞれの問いについて，対話の場面が日本語で書かれています。対話とそれについての問いを聞き，その答えとして最も適切なものを，四つの選択肢（①～④）のうちから一つずつ選びなさい。**音声は２回流れます。**

1-24 **問 1**　親子が水族館に遊びに来ています。

①

②

③

④

1-25 **問 2**　夫婦が今週の天気予報について話しています。

①

Mon	Tue	Wed	Thu	Fri	Sat	Sun
20℃	20℃	20℃	20℃	20℃	30℃	31℃

②
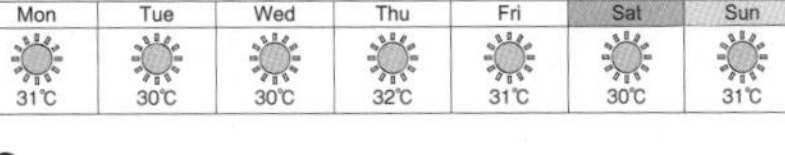

Mon	Tue	Wed	Thu	Fri	Sat	Sun
31℃	30℃	30℃	32℃	31℃	30℃	31℃

③
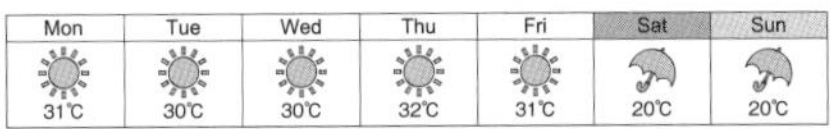

Mon	Tue	Wed	Thu	Fri	Sat	Sun
31℃	30℃	30℃	32℃	31℃	20℃	20℃

④

Mon	Tue	Wed	Thu	Fri	Sat	Sun
20℃	20℃	20℃	20℃	20℃	30℃	31℃

1-26 **問 3**　男性と女性がラテアートで有名なカフェに来ています。

①

②

③

④

1-27 **問 4**　友達同士がたくさん雪が積もっているのを見て話しています。

①

②

③

④

Answer Sheet

Active Listening
共通テスト対応
Lesson 5

問 1
①　②　③　④
（４点）

問 2
①　②　③　④
（４点）

問 3

①　②　③　④
（４点）

問 4
①　②　③　④
（４点）

Total
/16

Class

No.

Name

Sound Column 5

短縮形・省略形

特に会話では，〈代名詞＋助動詞[be-動詞]〉や，〈助動詞[be-動詞]＋not〉がよく短縮形で発話される。

I'm tired as **I've** been driving for hours.

I'd be happy if I were just left alone.

not が省略されるパターンでは，否定文であることが聞き逃されないよう，助動詞がやや強く読まれる傾向がある。否定文なのか肯定文なのか，聞いて理解できるように練習しよう。

The girl **can't** understand how to use the machine.

The doctor says you **wouldn't** suffer anymore.

また，特に親しい間柄での会話の場合，以下のような省略形が用いられることがある。

want to → wanna [wɑ́nə]　　give me → gimme [gími]

because → 'cause [kəz]　　going to → gonna [gənə]

Dictation

英文を聞いて，読まれる英語を書きなさい。

＊1-28

1. *A:* (　　　　　) (　　　　　) a lot of snow!

   B: To make a snow dome is my dream!

   A: It takes a lot of time and effort to make one.

   B: (　　　　　) (　　　　　). Let's make a big snowman instead of a snow dome!

2. *A:* Dad, I (　　　　　) (　　　　　) the dolphins!

   B: OK, Lucy. The dolphin show will start in an hour. Before that, (　　　　　) (　　　　　) (　　　　　) (　　　　　) the penguins and seals.

   A: I (　　　　　) (　　　　　) the turtles first!

   B: Sure.

音読しよう　完成した文を音読しよう。☑　スピーキング・トレーナー

70語÷[　　　]×60=[　　　] wpm

Lesson 6

第２問対応

1-29 それぞれの問いについて，対話の場面が日本語で書かれています。対話とそれについての問いを聞き，その答えとして最も適切なものを，四つの選択肢（①～④）のうちから一つずつ選びなさい。**音声は２回流れます。**

1-30 **問１**　花瓶をどこに飾るか話し合っています。

1-31 **問２**　夫婦が家の中で猫を探しています。

①　②　③　④

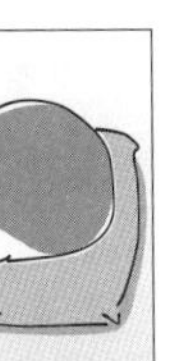

1-32 **問３**　男性が郵便局で小包を送ろうとしています。

①　②　③　④

1-33 **問４**　兄と妹がケーキの飾り付けをしています。

①　②　③　④

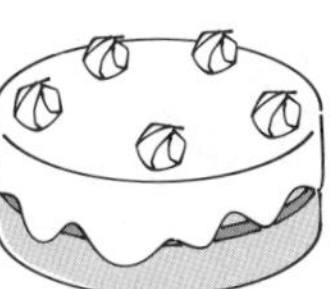

Answer Sheet

Active Listening
共通テスト対応
Lesson 6

問１
①　②　③　④
（４点）

問２
①　②　③　④
（４点）

問３

①　②　③　④
（４点）

問４
①　②　③　④
（４点）

Total
/16

Class

No.

Name

Sound Column 6

疑問詞の聞き取り

何を尋ねたいのかがわかるように，疑問詞はふつう強く発音されるが，英文のリズム(Sound Column 7 も参照)の関係でそれに続く助動詞や代名詞は弱く速く発音される傾向がある。その結果，時制や能動態／受動態の把握が難しくなる場合があるので，疑問詞疑問文の聞き取りに慣れておこう。

Who were you planning to meet?
Which did he prefer of those ideas?
Why didn't you get up earlier?
Where did it all begin?
When are they coming home?
How would you like to have your hair cut?

Dictation

英文を聞いて，読まれる英語を書きなさい。

＊1-34

1. *A:* (　　　　) (　　　　) (　　　　) send this package to Japan by air. And it's not fragile.
   B: Well, it'll cost $120.
   A: That's expensive! (　　　　) (　　　　) (　　　　) the surface mail rate?
   B: $42.
   A: OK. Cheaper is better.

2. *A:* (　　　　) (　　　　) (　　　　) put this vase of flowers for the dinner party tonight.
   B: (　　　　) (　　　　) (　　　　) it in the center of the dinner table?
   A: I'd like to put the roasted turkey in the center, so (　　　　) (　　　　) the vase on the side of the kitchen counter.

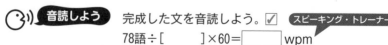

音読しよう　完成した文を音読しよう。☑　スピーキング・トレーナー
78語÷[　　　　]×60=[　　　　]wpm

第２問対応

1-35 それぞれの問いについて，対話の場面が日本語で書かれています。対話とそれについての問いを聞き，その答えとして最も適切なものを，四つの選択肢（①～④）のうちから一つずつ選びなさい。**音声は２回流れます。**

-36 **問１**　二人がチームで着るシャツのデザインについて話しています。

③

④

-37 **問２**　男の子が冬休みにしたことを話しています。

①

②

③

④

-38 **問３**　男性と女性がフリーマーケットで品物を見ています。

①

②

③

④

-39 **問４**　カップルがデートで遊園地に来ています。

①

②

③

④

Answer Sheet

Active Listening
共通テスト対応
Lesson 7

問１
①　②　③　④
（４点）

問２

①　②　③　④
（４点）

問３
①　②　③　④
（４点）

問４
①　②　③　④
（４点）

Total

/16

Class

No.

Name

Sound Column 7

英文のリズム

英語の単語や句に音の強弱があるのと同様，文全体でも強く発音される部分と弱く発音される部分がある。意味上の重点がある単語に強勢が置かれ，それ以外の語は弱く読まれる傾向がある。

強く発音される傾向がある語：内容を伝達するのに重要な語
（名詞，一般動詞，形容詞，副詞，疑問詞）
弱く発音される傾向がある語：主に文法的な機能を果たす語
（冠詞，代名詞，be-動詞，助動詞，前置詞，関係詞）

文の中で，強い部分と強い部分の間隔はほぼ同じ長さで読まれる。その間の部分はまとめて早く発音されるので，文全体として一定のリズムを形成する。

The fish was the biggest that I had ever caught.
Who is the best player on your team?

Dictation

英文を聞いて，読まれる英語を書きなさい。

＊1-40

1. *A:* These are the designs for our team shirts. (　　　　　) (　　　　　) do you like better?
   B: (　　　　　) (　　　　　) (　　　　　) but I like the black one better.
   A: How about the design of our team logo?
   B: This logo is (　　　　　) (　　　　　), so I like that bigger one.

2. *A:* I went to Hokkaido during my (　　　　　) (　　　　　).
   B: Wow! Did you do snowboarding?
   A: Yes, I tried to do snowboarding (　　　　　) (　　　　　) (　　　　　) (　　　　　), but I fell down many times, so I gave up quickly. I'm better at (　　　　　) than snowboarding.

音読しよう　完成した文を音読しよう。☑　スピーキング・トレーナー
83語÷[　　　]×60=[　　　] wpm

Lesson 8

第3問対応

1-41 それぞれの問いについて，対話の場面が日本語で書かれています。対話を聞き，問いの答えとして最も適切なものを，四つの選択肢（①～④）のうちから一つずつ選びなさい。（問いの英文は書かれています。）**音声は1回流れます。**

1-42 **問1** 友人同士がアミューズメントパークで話をしています。

How will the woman feel when she is in line?

① Depressed　② Excited
③ Nervous　④ Scared

1-43 **問2** 二人がある映画について話をしています。

Why does the man want to watch the movie?

① Because he likes the heroine very much.
② Because he likes the TV game.
③ Because he thought that the heroine would be perfect for the image.
④ Because he watched the preview.

1-44 **問3** 男性の持っているバッグについて話をしています。

Which is true about the man's bag?

① He went to Italy and bought the bag there.
② He ordered the bag via the Internet.
③ He paid only 50 euros.
④ His bag is old-fashioned.

1-45 **問4** 男性が空港のカウンターで搭乗手続きをしています。

Which seat and flight will the man take?

① Business class on the 2 p.m. flight
② Business class on the 3 p.m. flight
③ Economy class on the 2 p.m. flight
④ Economy class on the 3 p.m. flight

Answer Sheet

Active Listening
共通テスト対応
Lesson 8

問1
①　②　③　④
（3点）

問2
①　②　③　④
（3点）

問3
①　②　③　④
（3点）

問4
①　②　③　④
（3点）

Total
/12

Class ....

No. ....

Name ....

Sound Column 8

意味のまとまり

長い文が話されるとき，意味のまとまり（チャンク）ごとに短いポーズ（休止）が置かれる。個人差はあるが，ポーズが置かれる場所には次のような傾向がある。

①長い主語の後　②接続詞の前　③関係詞の前　④疑問詞の前
⑤前置詞句（前置詞＋場所・時などを表す名詞）の前
⑥to-不定詞の前　⑦コンマ(,)，セミコロン(;)，コロン(:)の後

Attention, / all shoppers! // We have a five-year-old boy / named Nicolas, / who was in the women's clothing section. // He has brown curly hair, / and he is wearing a white T-shirt / with blue stripes / and navy pants. //

Dictation

英文を聞いて，読まれる英語を書きなさい。

＊1-46

1. *A:* This movie (　　　) (　　　) (　　　) a popular TV game.

   B: Yes, I'm very interested in the movie. I watched the preview, but the main characters (　　　) (　　　) (　　　) their images in the original TV game.

   A: I'm a (　　　) (　　　) (　　　) the actress who plays the heroine, so I'd like to watch the movie.

2. *A:* I'd like to check in, please. Here is my credit card.

   B: Good afternoon, Mr. Thompson. … (　　　) (　　　) your 2 p.m. flight will be canceled (　　　) (　　　) (　　　) (　　　) with the engines.

   A: Really? That's too bad.

   B: Instead of this flight, we can offer you a seat on the 3 p.m. flight. And we can upgrade your seat to (　　　) (　　　).

音読しよう　完成した文を音読しよう。☑　スピーキング・トレーナー

111語÷[　　　]×60=[　　　] wpm

Lesson 9

第 3 問対応

-47 それぞれの問いについて，対話の場面が日本語で書かれています。対話を聞き，問いの答えとして最も適切なものを，四つの選択肢（①～④）のうちから一つずつ選びなさい。（問いの英文は書かれています。）**音声は 1 回流れます。**

-48 **問 1**　夫婦が家でどのテレビ番組を見るか話しています。

What is the man going to do at 9:00?

① Record the documentary program
② Record the music program
③ Watch the documentary program
④ Watch the music program

-49 **問 2**　夫婦が衣料品売り場で買い物をしています。

Which color will the woman choose?

① Black　② Dark green
③ Gray　④ Light yellow

-50 **問 3**　男性が女性に昨日見たテレビ番組の内容について話をしています。

How should we brush our teeth?

① Brush our gums hard
② Brush our teeth hard
③ Brush our teeth softly
④ Move our toothbrush widely

-51 **問 4**　駅で女性が駅員と話をしています。

How much difference is there in riding time between local trains and express trains?

① 10 minutes　② 15 minutes
③ 30 minutes　④ 45 minutes

Answer Sheet

Active Listening
共通テスト対応
Lesson 9

問 1
① ② ③ ④
（3 点）

問 2
① ② ③ ④
（3 点）

問 3
① ② ③ ④
（3 点）

問 4
① ② ③ ④
（3 点）

Total
/12

Class

No.

Name

Sound Column 9

語の強勢

　強く発音される音節の位置(アクセント位置)は単語によって決まっている。同じ単語でも複数の品詞として使用される場合があるが，そのときのアクセント位置には違いがあることがある。

　éxport [ékspɔːrt](名詞) / expórt [ikspɔ́ːrt](動詞)

　présent [préznt](名詞・形容詞) / presént [prizént](動詞)

　próject [prɑ́dʒekt](名詞) / projéct [prədʒékt](動詞)

　英単語には，音節によって発音の強弱がある。厳密にいうとすべての音節の強弱は違っているはずだが，最も強い音節と，それに準じて強めに発音される音節のみを区別し，それぞれ第一強勢として右上がりのアクセント記号([í]など)，第二強勢として左上がりのアクセント記号([ì]など)を付ける。

Dictation

英文を聞いて，読まれる英語を書きなさい。

＊1-52

1. *A:* Which raincoat do you think suits me better?

   B: I think both colors suit you.　The dark color gives a (　　　　　) (　　　　　), but the bright color gives a livelier (　　　　　).

   A: Hmm, (　　　　　) (　　　　　) make me feel gloomy, so I want to feel uplifted.　I think I should choose a (　　　　　) (　　　　　).

   B: You look good in that color!

2. *A:* I want to see the (　　　　　) (　　　　　) about the (　　　　　) ruins at 9:00.

   B: I'm thinking that I want to watch a music program at the same time, but I'm also interested in the documentary.

   A: (　　　　　) (　　　　　) (　　　　　) the music program?

   B: OK, I'll set the recording mode (　　　　　) (　　　　　).

音読しよう　完成した文を音読しよう。☑　スピーキング・トレーナー

104語÷[　　　]×60=[　　　]wpm

Lesson 10

第３問対応

1-53 それぞれの問いについて，対話の場面が日本語で書かれています。対話を聞き，問いの答えとして最も適切なものを，四つの選択肢(①～④)のうちから一つずつ選びなさい。(問いの英文は書かれています。)**音声は１回流れます。**

-54 **問１** 男性がこれから家を出ようとしています。

What is the man going to buy?

① A large light bulb for the dining room
② A pen and a large light bulb for the kitchen
③ A pen and a light bulb
④ A small light bulb for the dining room

-55 **問２** 患者が診療所で診察を受けています。

What does the patient explain to the doctor?

① He has felt tired of working for a week.
② He has had a sharp pain for a week.
③ He suffers from a dull lower back pain.
④ His back has been sharp and painful.

-56 **問３** 友人同士が学校で休み時間中に話をしています。

When is the girl's pet dog's birthday?

① April 11　　② April 15
③ April 30　　④ May 2

-57 **問４** 空港の時計店で男性が店員と話をしています。

How much can the man buy this watch for?

① $800　　② $900
③ $1,000　　④ $1,200

Answer Sheet

Active Listening
共通テスト対応
Lesson 10

問１
① ② ③ ④ (３点)

問２
① ② ③ ④ (３点)

問３
① ② ③ ④ (３点)

問４
① ② ③ ④ (３点)

Total
/12

Class

No.

Name

Sound Column 10

イントネーション

イントネーションとは，言葉を話すときの音の高低の変化のことである。文末を上げない下降調は，平叙文など，通常の発言に用いられる。文末を上げて読む上昇調は，相手に対する疑問や，ていねいさの意味合いがある。

イントネーションは，相手に対する興味・関心，驚きなど，さまざまな感情を表す。たとえば命令文はふつう下降調で発言するが，上昇調にすることで親しみの意味を持たせることができる。また，平叙文を上昇調で発言した場合は「疑問」の意味を，疑問詞を使った疑問文を上昇調で発言した場合は「聞き返し」の意味を含む。

Dictation

英文を聞いて，読まれる英語を書きなさい。

＊1-58

1. *A:* (　　　　) (　　　　) that your birthday is April 13.

   B: Yeah. I can't wait till next week. I'm going to a hotel to have a special dinner on that day. By the way, (　　　　) (　　　　) (　　　　) (　　　　) about my birthday?

   A: To tell the truth, my birthday is two days after yours.

   B: Oh, (　　　　)? That's when my pet dog was born.

   A: (　　　　) (　　　　) coincidence!

2. *A:* Will you (　　　　) (　　　　) (　　　　) (　　　　) a light bulb for the dining room? One of the bulbs won't light.

   B: I'm going to the library to read books. (　　　　) (　　　　) one on the way there.

   A: (　　　　). Don't get a small one but a large one.

   B: All right. I'll write it down.

   A: Use this pen. (　　　　) (　　　　) (　　　　).

音読しよう　完成した文を音読しよう。☑　スピーキング・トレーナー

117語÷[　　　]×60=[　　　]wpm

Lesson 11

第４問Ａ対応

1-59 話を聞き，それぞれの問いの答えとして最も適切なものを，選択肢から選びなさい。**問題文と図表を読む時間が与えられた後，音声が１回流れます。**

1-60 **問１〜４**　あなたは，授業で配られたワークシートのグラフを完成させようとしています。先生の説明を聞き，四つの空欄に入れるのに最も適切なものを，四つの選択肢（①〜④）のうちから一つずつ選びなさい。

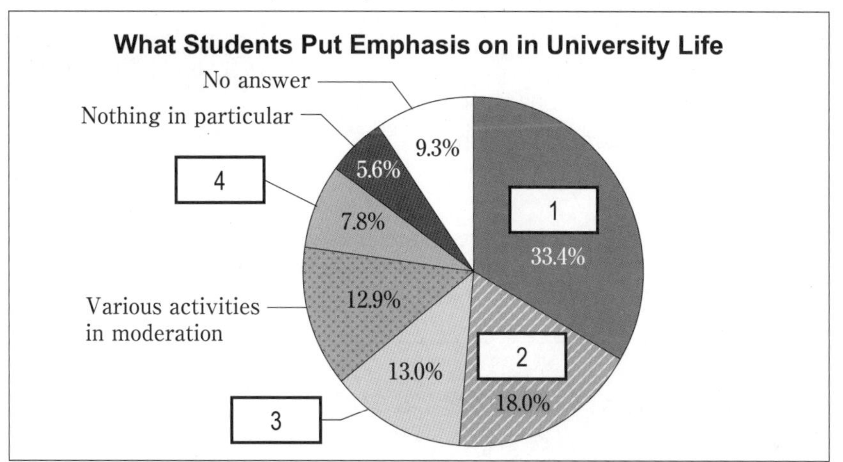

① Club activities　② Friendships
③ Hobbies　④ Studying

1-61 **問５〜８**　あなたは，バスのチケットを購入しようとしていて，チケットの種類と値段についての説明を聞いています。話を聞き，下の表の四つの空欄に入れるのに最も適切なものを，五つの選択肢（①〜⑤）のうちから一つずつ選びなさい。選択肢は２回以上使ってもかまいません。

	Term	Limit	Price
Student Tickets	Sept. 1, 2020 — July 31, 2021	Unlimited travel	5
	Jan. 1, 2021 — May 31, 2021 (Terms 2-3)	Unlimited travel	6
	Sept. 1, 2020 — May 31, 2021 (Terms 1-3)	Unlimited travel	7
	Sept. 1, 2020 — July 31, 2021	Unlimited travel in the Canterbury zone	8

① £380　② £450　③ £565　④ £635　⑤ £750

Answer Sheet

Active Listening
共通テスト対応
Lesson 11

問１〜４
1 ① ② ③ ④
2 ① ② ③ ④
3 ① ② ③ ④
4 ① ② ③ ④
（完答４点）

問５〜８
5 ① ② ③ ④ ⑤
6 ① ② ③ ④ ⑤
7 ① ② ③ ④ ⑤
8 ① ② ③ ④ ⑤
（各１点）

Total
/8

Class

No.

Name

Sound Column 11

違う表現をつかむ

英語では同じ表現が連続して使用されることを避ける傾向がある。どの語句が何の言いかえなのかを把握してリスニングやリーディングに臨むようにしよう。

同意の語による言いかえ

He **talked about** the accident.　He also **mentioned** the causes of it.

代名詞による言いかえ

Mr. Smith is our math teacher.　**He** is strict with **his** students.

別の語句による言いかえ

Momo came to our house two years ago.　We like **this small dog** very much.

Dictation

英文を聞いて，読まれる英語を書きなさい。

＊1-62

Oh, you are a student.　We have student tickets.　If you need a ticket for the ①(　　　　　)(　　　　　)(　　　　　), from September to the end of July next year, I think this is a good one for you. You can enjoy unlimited travel for ②(　　　　　)(　　　　　) for only £750.　If you need a ticket for just 2-3 ③(　　　　　), this one is £380.　If you need one for ④(　　　　　)(　　　　　), from September to May, it is £635.　Oh, we ⑤(　　　　　)(　　　　　)(　　　　　), which is for the ⑥(　　　　　)(　　　　　)(　　　　　), but only for travel in the Canterbury zone.　It's £450.

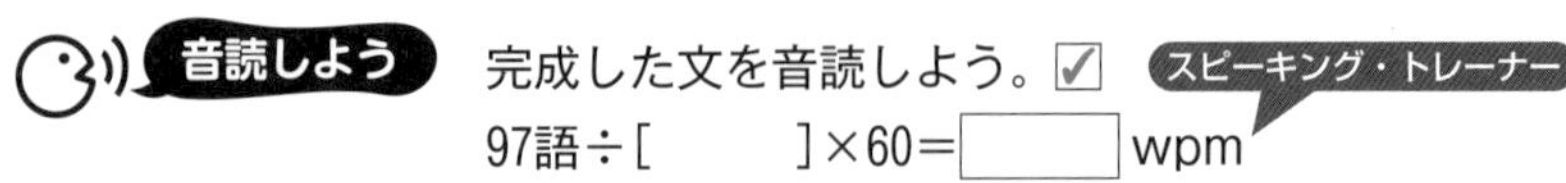

音読しよう　完成した文を音読しよう。☑　スピーキング・トレーナー

97語÷[　　　]×60=[　　　] wpm

Lesson 12

第４問Ａ対応

1-63 話を聞き，それぞれの問いの答えとして最も適切なものを，選択肢から選びなさい。**問題文と図表を読む時間が与えられた後，音声が１回流れます。**

1-64 **問１～４**　あなたは，授業で配られたワークシートのグラフを完成させようとしています。先生の説明を聞き，四つの空欄に入れるのに最も適切なものを，四つの選択肢（①～④）のうちから一つずつ選びなさい。

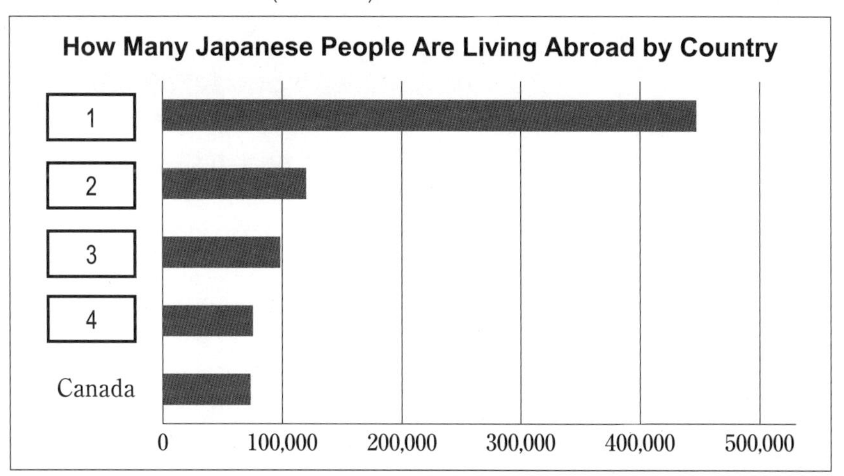

① Australia　② China　③ Thailand　④ The U.S.

1-65 **問５～８**　あなたは，大聖堂でのコンサートや公演に興味を持っていて，コンサートや公演のスケジュールについての説明を聞いています。話を聞き，下の表の四つの空欄に入れるのに最も適切なものを，五つの選択肢（①～⑤）のうちから一つずつ選びなさい。選択肢は２回以上使ってもかまいません。

Date	Time	Concert / Recital
May 8th	5	Patrick Williams Concert
May 12th	6	University of Kent Concert
May 22nd	7	the London Welsh Male Voice Choir
May 26th	1:40 p.m.	Midday recital
May 28th, 29th	8	Canterbury Christ Church University Concert

① 6:15 p.m.　② 6:30 p.m.　③ 6:50 p.m.　④ 7:15 p.m.　⑤ 7:30 p.m.

Answer Sheet

Active Listening
共通テスト対応
Lesson 12

問１～４
1 ① ② ③ ④
2 ① ② ③ ④
3 ① ② ③ ④
4 ① ② ③ ④
（完答４点）

問５～８
5 ① ② ③ ④ ⑤
6 ① ② ③ ④ ⑤
7 ① ② ③ ④ ⑤
8 ① ② ③ ④ ⑤
（各１点）

Total
/8

Class

No.

Name

Sound Column 12

数字の聞き取り②

英語では日本語のように月を数字で表すことは少ないので，単語を聞いてすぐに何月かわかるようにしよう。

March：３月　　May：５月　　November：11月

日は序数で表される。twelfth と twentieth，thirteenth と thirtieth の聞き間違いに注意しよう。また，11日は eleventh，12日は twelfth と-th で序数を作るが，21日，22日，23日はそれぞれ twenty-first，twenty-second，twenty-third という序数になる。

Sound Column ４でも少し扱ったが，時刻を表すときは数字が連続して出現する。また，下記の[　]内の言い方で表現される場合もあるので知っておこう。

11:10 → eleven ten [ten past eleven]　　6:50 → six fifty [ten to seven]

9:15 → nine fifteen [quarter past nine]

Dictation

英文を聞いて，読まれる英語を書きなさい。

＊1-66

①(　　　) (　　　) (　　　), the Cathedral is the setting for many concerts and performances of a ②(　　　) (　　　) (　　　) music from around the world. The concerts and recitals we will have this month are: Patrick Williams Concert at ③(　　　) : (　　　) p.m. on ④(　　　) (　　　); University of Kent Concert at 6:30 p.m. on ⑤(　　　) (　　　); the London Welsh Male Voice Choir at ⑥(　　　) : (　　　) p.m. on May 22nd; Midday recital at 1:40 p.m. on May 26th; and Canterbury Christ Church University Concert at 7:30 p.m. on ⑦(　　　) (　　　) and ⑧(　　　).

音読しよう　完成した文を音読しよう。☑　スピーキング・トレーナー

86語÷[　　　]×60=［　　　］wpm

Lesson 13

第４問Ａ対応

Answer Sheet

1-67 話を聞き，それぞれの問いの答えとして最も適切なものを，選択肢から選びなさい。**問題文と図表を読む時間が与えられた後，音声が１回流れます。**

1-68 **問１～４**　あなたは，授業で配られたワークシートのグラフを完成させようとしています。先生の説明を聞き，四つの空欄に入れるのに最も適切なものを，四つの選択肢（①～④）のうちから一つずつ選びなさい。

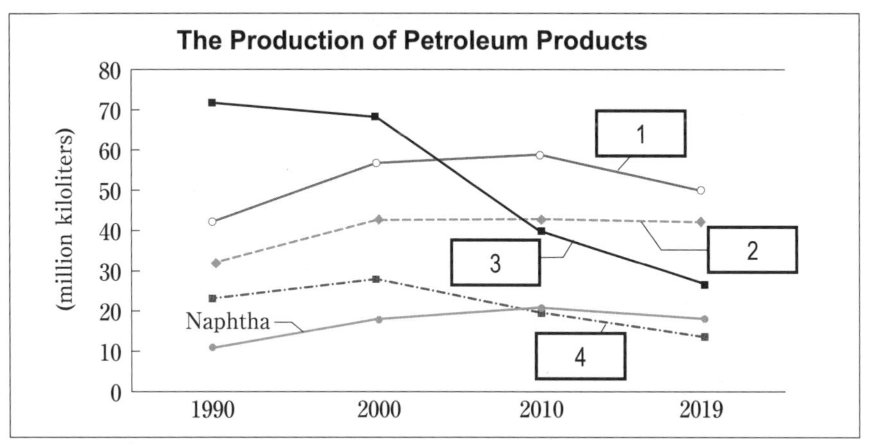

① Gasoline　② Heavy oil　③ Kerosene　④ Light oil

1-69 **問５～８**　John は，週末にほかの５人の仲間とバーベキューパーティーを開く予定で，これからそれぞれが準備する食材を決めようとしています。John の話を聞き，下の表の四つの空欄に入れるのに最も適切なものを，五つの選択肢（①～⑤）のうちから一つずつ選びなさい。選択肢は２回以上使ってもかまいません。

Participant	Means of transportation	Travel time (mins.)	Things to bring
Anne	train	45	
Bob	car	30	5
John	train	60	6
Laura	bike	25	
Manami	car	90	7
Takeshi	bike	25	8

① Beverages　② Meat　③ Seafood　④ Vegetables　⑤ Fruits

Active Listening
共通テスト対応
Lesson 13

問１～４
1 ① ② ③ ④
2 ① ② ③ ④
3 ① ② ③ ④
4 ① ② ③ ④
（完答４点）

問５～８
5 ① ② ③ ④ ⑤
6 ① ② ③ ④ ⑤
7 ① ② ③ ④ ⑤
8 ① ② ③ ④ ⑤
（各１点）

Total
/8

Class

No.

Name

Sound Column 13

カタカナ語の聞き取り

カタカナ語でも，英語とは発音やアクセントが大きく違うものがあるので注意しよう。

1. 日本語と母音が違う
   button [bʌ́tn]（ボタン）/ vitamin [váitəmin]（ビタミン）/
   virus [váiərəs]（ウイルス）/ media [mí:diə]（メディア）
2. アクセントの位置が違う
   image [ímidʒ]（イメージ）/ career [kəríər]（キャリア）/
   chocolate [tʃɔ́(:)kələt]（チョコレート）/ damage [dǽmidʒ]（ダメージ）
3. 日本語のように母音を入れない
   mineral [mínərəl]（ミネラル）/ travel [trǽvl]（トラベル）/
   trouble [trʌ́bl]（トラブル）/ studio [st(j)ú:diòu]（スタジオ）

Dictation

英文を聞いて，読まれる英語を書きなさい。

＊1-70

Japan imports oil, which is an ①(　　　　) (　　　　) (　　　　). This graph shows the production of petroleum products by year. In 2010, ②(　　　　) (　　　　), that had not changed for many years, changed. Heavy oil production, which had always been first in the ranking, had dropped to third. In addition, ③(　　　　) (　　　　) rose from second to first. Light oil came in second, with a small difference from ④(　　　　) (　　　　) (　　　　), but in 2019 the difference was large. In 2019, the production of kerosene, which is mainly ⑤(　　　　) (　　　　) (　　　　), ranked fifth. In the same year, naphtha production ⑥(　　　　) (　　　　).

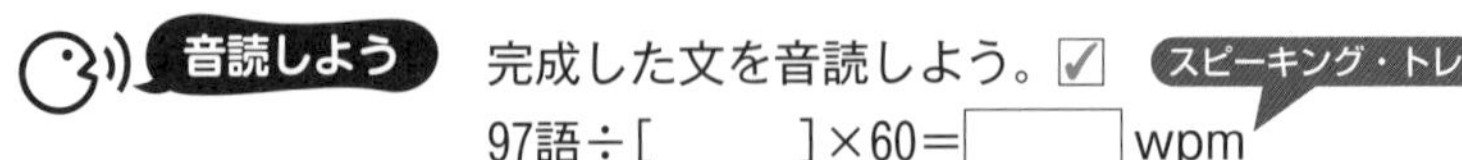

音読しよう
完成した文を音読しよう。☑
スピーキング・トレーナー
97語÷[　　　]×60=[　　　]wpm

Lesson 14

第４問Ｂ対応

2-1 話を聞き，示された条件に最も合うものを，四つの選択肢（①～④）のうちから一つ選びなさい。下の表を参考にしてメモを取ってもかまいません。**状況と条件を読む時間が与えられた後，音声が１回流れます。**

状況

あなたは，旅先で宿泊するホテルを一つ決めるために，四人の友人のアドバイスを聞いています。

あなたが考えている条件

Ａ．空港から車で10分以内であること

Ｂ．街の中心地から近いこと

Ｃ．コンサート会場へ歩いて行けること

Hotels	Condition A	Condition B	Condition C
① Central Inn			
② Eastern Palace			
③ Oriental House			
④ Urban Hotel			

2-2 **問１** [ ] is the hotel you are most likely to choose.

① Central Inn

② Eastern Palace

③ Oriental House

④ Urban Hotel

Answer Sheet

Active Listening
共通テスト対応
Lesson 14

問１
①　②　③　④
（４点）

Total
/4

Class

No.

Name

Sound Column 14

助動詞の聞き取り

文の本質的な意味に話し手の考えや気持ちを加えるはたらきをする助動詞は，弱く読まれることが多く，聞き取りが難しい場合がある。特に完了形・進行形・受動態が続くときには，時制にも注意を払う必要がある。

You **can't** be such a great writer.
He **couldn't** have been guilty of the crime.
They **must** be putting money aside.
You **shouldn't** have come to school today: it's snowing this heavily!
We'**d** be grateful if you **would** support our project.

Dictation

英文を聞いて，読まれる英語を書きなさい。

＊2-3

1. Central Inn was very good. It is located 0.5km from the city center. From the airport, I (　　　) (　　　) (　　　) it took long. I remember it took about 5 minutes. From the venue? Oh (　　　) (　　　) (　　　). I went to the bus stop and (　　　) (　　　) (　　　) (　　　) several times, and then had to walk for several minutes.

2. I remember Oriental House was (　　　) (　　　) the venue. This is not a hotel but a kind of guesthouse. But I (　　　) (　　　) (　　　) and liked it. Oh, (　　　) (　　　) (　　　) (　　　) (　　　) the city center and the airport.

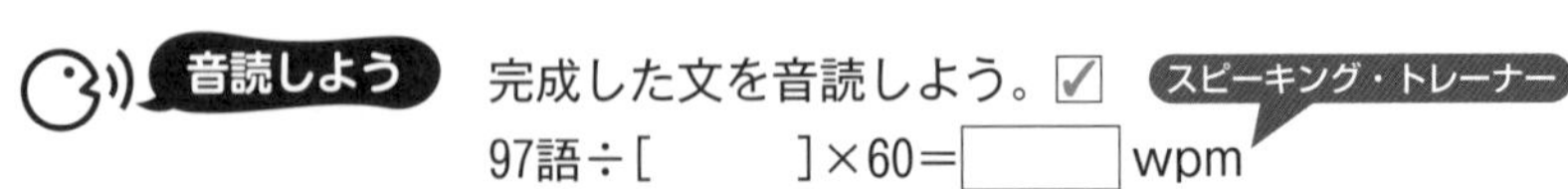

音読しよう
完成した文を音読しよう。☑
スピーキング・トレーナー
97語÷[　　　]×60=　　　wpm

第４問Ｂ対応

2-4 話を聞き，示された条件に最も合うものを，四つの選択肢（①〜④）のうちから一つ選びなさい。下の表を参考にしてメモを取ってもかまいません。**状況と条件を読む時間が与えられた後，音声が１回流れます。**

状況

あなたは，大学のスポーツセンターのクラスを受けようと考えています。受講するクラスを一つ決めるために，四人の友人のアドバイスを聞いています。

あなたが考えている条件

A．朝か放課後に開講されていること

B．受講生の人数が少ないこと

C．初心者向けであること

Classes	Condition A	Condition B	Condition C
① dance			
② yoga			
③ stretch			
④ table tennis			

2-5 問１ You are most likely to choose a [ ] class.

① dance
② yoga
③ stretch
④ table tennis

Answer Sheet

Active Listening
共通テスト対応
Lesson 15

問１
① ② ③ ④
（４点）

Total
/4

Class

No.

Name

Sound Column 15

時制の聞き取り

時制の区別はよく内容理解のポイントになるが，強く発音されないこともあり，また完了形・進行形・受動態などが一緒になると複雑になって聞き取りにくいことがある。

現在 過去	I do he does they did	I'm doing she was doing we weren't doing	you'll do they would do it won't go she wouldn't be doing
完了形	you've done she hasn't done we had done	we've been doing he'd been doing they hadn't been doing	they'll have been doing it would have been doing he wouldn't have been doing

Dictation

英文を聞いて，読まれる英語を書きなさい。

＊2-6

1. (　　　　) (　　　　) (　　　　) a dance class on Mondays, 6:00-7:00 p.m. I like this class with seven participants. (　　　　) (　　　　) (　　　　) (　　　　) (　　　　) for more than five years, and they are all good at it. I (　　　　) (　　　　) (　　　　) to be in the class!

2. (　　　　) (　　　　) (　　　　) a table tennis class every Friday, from 6 p.m. I (　　　　) (　　　　) (　　　　) table tennis before, but all the participants are beginners, and I (　　　　) (　　　　) it with them. All of us, I mean, 6 people, play in pairs with three table-tennis tables, and (　　　　) (　　　　) (　　　　) (　　　　).

音読しよう　完成した文を音読しよう。☑　スピーキング・トレーナー

96語÷[　　　]×60=[　　　] wpm

Lesson 16

第４問Ｂ対応

2-7 話を聞き，示された条件に最も合うものを，四つの選択肢（①～④）のうちから一つ選びなさい。下の表を参考にしてメモを取ってもかまいません。**状況と条件を読む時間が与えられた後，音声が１回流れます。**

状況

大学が交換留学生の学習を支援する学生サポーターを１名募集したところ，複数の応募がありました。一人選ぶために，四人の応募者(applicant)の自己紹介を聞いています。

あなたが考えている条件

Ａ．英語圏の国，地域に留学したか，住んでいたことがあること

Ｂ．平日の夕方に週３日以上支援できること

Ｃ．日本の文化についての知識，経験，技能があること

Applicants	Condition A	Condition B	Condition C
① Ayaka URABE			
② Satoshi KAMADA			
③ Reina SHIMIZU			
④ Junpei DOI			

2-8 問１ [　　] is the applicant you are most likely to choose.

① Ayaka URABE
② Satoshi KAMADA
③ Reina SHIMIZU
④ Junpei DOI

Answer Sheet

Active Listening
共通テスト対応
Lesson 16

問１
①　②　③　④
（４点）

Total
/4

Class

No.

Name

Sound Column 16

固有名詞の聞き取り

よく知っている地名や人名も，英語の音に慣れていないと聞き取れないことがある。主な地名や人名は発音とつづりを確認しておこう。

1. 国名
   アルゼンチン：Argentina [àːrdʒəntíːnə]　カナダ：Canada [kǽnədə]
   ドイツ：Germany [dʒə́ːrməni]　アイルランド：Ireland [áiərlənd]
2. 都市名・州名・地方名
   アテネ：Athens [ǽθnz]　アトランタ：Atlanta [ætlǽntə]
   カリフォルニア：California [kæ̀ləfɔ́ːrnjə]　トロント：Toronto [tərántou]
3. 人名
   ダーウィン：Darwin [dáːrwin]　ガンジー：Gandhi [gáːndi]
   リンカーン：Lincoln [líŋkn]　ゴッホ：van Gogh [væn góu]

Dictation

英文を聞いて，読まれる英語を書きなさい。

＊2-9

1. Hello. I'm Reina. I was an (　　　) (　　　) (　　　) (　　　) two years ago. But I've never had friends from the U.S., so this will be a good chance. I cannot (　　　) (　　　) (　　　), Tuesdays and Fridays. If I become a supporter, I will teach him *shodo*, or calligraphy ... I (　　　) (　　　) (　　　) 10 years.

2. Hi, I'm Junpei. I can work Monday through Thursday. Well, to tell the truth, I (　　　) (　　　) (　　　) for three years. At that time, I (　　　) (　　　) (　　　) (　　　) with friends. I want to talk with him about many things. I hope (　　　) (　　　) (　　　) (　　　) (　　　).

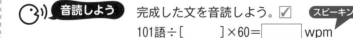

音読しよう　完成した文を音読しよう。☑　スピーキング・トレーナー

101語÷[　　　]×60=[　　　]wpm

Lesson 17

第５問対応

2-10 最初に講義を聞き，**問**１から**問**６に答えなさい。次に続きを聞き，**問**７に答えなさい。**状況・ワークシート，問い及び図表を読む時間が与えられた後，音声が１回流れます。**

<u>状況</u>
あなたはアメリカの大学で，音声広告の有効性についての講義を，ワークシートにメモを取りながら聞いています。

ワークシート

○US total annual TV / digital ad spending shares

[1] ------ afterward its share continues to increase

○The effectiveness of the Podcast advertisement

Podcast advertising is effective in terms of ...
(i) Reaching potential [2] more effectively Podcast users → listen to the programs more carefully → [3] likely to forget the content of ads
(ii) Finding ideal [4] for companies Podcast users → [5] highly-educated listeners → high-income listeners
(iii) Being an ideal tool for advertisers more specific programs → easy to find target customers

問いは次のページにあります。

＊2-11

問1　ワークシートの空欄 [1] に入れるのに最も適切なものを，四つの選択肢（①～④）のうちから一つ選びなさい。

① the TV ad dropped from the top in 2016
② the TV ad was in the top rank in 2017
③ the digital ad became the top means of advertising in 2017
④ the digital ad was replaced by the TV ad

問2～5　ワークシートの空欄 [2] ～ [5] に入れるのに最も適切なものを，六つの選択肢（①～⑥）のうちから一つずつ選びなさい。選択肢は2回以上使ってもかまいません。

① more	② less
③ advertisers	④ customers
⑤ programs	⑥ Podcasts

問6　講義の内容と一致するものはどれか。最も適切なものを，四つの選択肢（①～④）のうちから一つ選びなさい。

① Podcast advertising is a very desirable tool because advertisers can place ads free of charge.
② Podcast advertisers usually feel close to their advertisement in the program.
③ Subscribing to a Podcast program might help a person get more income.
④ Podcast listeners seem more serious about the content of the programs they choose.

3-12 **問 7**　講義の続きを聞き，**下の図から読み取れる情報と講義全体の内容から**どのようなことが言えるか，最も適切なものを，四つの選択肢(①～④)のうちから一つ選びなさい。

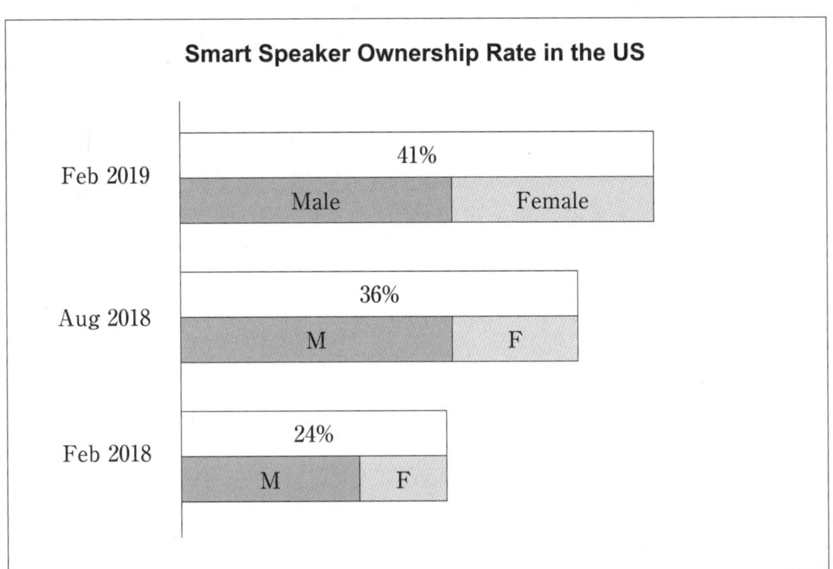

① The spread of the smart speaker will allow more female listeners to access the Podcast ads.

② Video advertisements will be easily available for both men and women with the increase of the smart speaker.

③ Users of the smart speaker will be freed from repeatedly occurring Podcast advertisements.

④ More and more female advertisers will choose the smart speaker to get information at home.

Answer Sheet

Active Listening
共通テスト対応
Lesson 17

問 1
① ② ③ ④
(3 点)

問 2 ～ 5
2 ① ② ③ ④ ⑤ ⑥
3 ① ② ③ ④ ⑤ ⑥
(完答 2 点)
4 ① ② ③ ④ ⑤ ⑥
5 ① ② ③ ④ ⑤ ⑥
(完答 2 点)

問 6
① ② ③ ④
(4 点)

問 7
① ② ③ ④
(4 点)

Total
/15

Class ....

No. ....

Name ....

Information Column 1

音声広告について

近年，音楽配信サービスをおこなうアプリなどの音声メディアを活用した，ニュースや音楽再生の合間に流れる「音声広告」が注目を浴びている。音声メディアユーザーは，通勤・通学しながら，また家事をしながら音楽を聞いて楽しむことが多く，その合間に音声広告を流すことでごく自然に宣伝ができるというメリットがある。

特に欧米では音声広告が普及している。スマートスピーカー(人の音声を認識できる人工知能が搭載されたスピーカー)が生活になじんでいるアメリカでは，多くの人が「音声広告は従来の『見る』広告よりも興味が持てる」と回答していることから，音声広告の効果の高さが明らかになっている。また，アメリカで普及している，オーディオエピソードや番組を無料で視聴することができるアプリ「Podcast」内での音声広告市場は年々拡大している。

Dictation

英文を聞いて，読まれる英語を書きなさい。

＊2-13

Recently, US companies ① ______________________________ ______________________________. Research shows that the TV advertisement had remained in the top rank of all kinds of commercial advertisements until 2016. The next year, however, it was replaced by the digital ad. ② ______________________________ ______________________________.

In the course of this trend, the Podcast has increasingly drawn attention as a new means of advertising. Briefly, the Podcast is the Internet broadcasting system ③ ______________________________ ______________________________.

音読しよう　完成した文を音読しよう。☑　スピーキング・トレーナー

90語÷[　　　]×60=[　　　] wpm

Lesson 18

第５問対応

2-14 最初に講義を聞き，**問１**から**問６**に答えなさい。次に続きを聞き，**問７**に答えなさい。**状況・ワークシート，問い及び図表を読む時間が与えられた後，音声が１回流れます。**

> 状況
> あなたはアメリカの大学で，プラスチックごみ問題に対する各国の取り組みについての講義を，ワークシートにメモを取りながら聞いています。

ワークシート

○Pollution caused by plastic waste

Plastic bags, bottles, containers, etc.

↓(Thrown away)

Ocean Pollution　　Ex. the Great Pacific Garbage Patch

location: between California and Hawaii

estimated area and weight: [1]

○EU and the US governmental policies against plastic waste

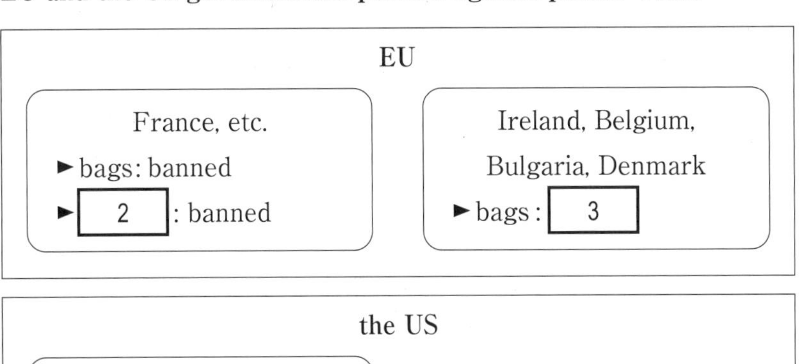

the US

San Francisco
► bottles*: [4]
*less than 621ml, in public parks and facilities only

Hawaii
► [5] : banned

問いは次のページにあります。

＊2-15

問1　ワークシートの空欄 [1] に入れるのに最も適切なものを，四つの選択肢（①～④）のうちから一つ選びなさい。

① 1.6 million km^2 / 79 million tons
② 6 million km^2 / 79 million tons
③ 79 million km^2 / 6 million tons
④ 79 million km^2 / 1.6 million tons

問2～5　ワークシートの空欄 [2] ～ [5] に入れるのに最も適切なものを，六つの選択肢（①～⑥）のうちから一つずつ選びなさい。選択肢は2回以上使ってもかまいません。

① bags
② containers
③ bottles
④ taxed or charged
⑤ banned
⑥ permitted

問6　講義の内容と一致するものはどれか。最も適切なものを，四つの選択肢（①～④）のうちから一つ選びなさい。

① EU countries and the US have invented the equipment that can clean up the plastic waste on the ocean.
② The efforts in the US are much more advanced than those in EU countries.
③ Almost all of the plastic bags and bottles end up as ocean pollution.
④ Some EU countries are attempting to reduce plastic waste by stopping the selling of plastic bags and containers.

-16 **問 7**　講義の続きを聞き，**下の表から読み取れる情報と講義全体の内容から**どのようなことが言えるか，最も適切なものを，四つの選択肢（①～④）のうちから一つ選びなさい。

Goals for Reducing Plastic Resource Consumption

COMPANY	ACTION	ACHIEVED BY
McDonald's Corporation	Completely switch to containers made from recyclable materials	2025
Starbucks Corporation	Completely switch to plastic cups, containers, etc. made from recyclable materials	2025
The Coca-Cola Company	Collect all bottles and recycle them	2030
≀	≀	≀
≀	≀	≀

① Once companies have achieved their goal, they will not have to decrease their plastic garbage anymore.

② Thanks to efforts by both governments and businesses, plastic waste is expected to decrease gradually.

③ Not only governments but also companies will be charged the tax for plastic waste.

④ However hard governments try to decrease plastic garbage, many companies will continue to throw it away.

Answer Sheet

Active Listening
共通テスト対応
Lesson 18

問 1
① ② ③ ④
（3 点）

問 2 ～ 5
2 ① ② ③ ④ ⑤ ⑥
3 ① ② ③ ④ ⑤ ⑥
（完答 2 点）
4 ① ② ③ ④ ⑤ ⑥
5 ① ② ③ ④ ⑤ ⑥
（完答 2 点）

問 6
① ② ③ ④
（4 点）

問 7
① ② ③ ④
（4 点）

Total

/15

Class

No.

Name

Information Column 2

プラスチックごみ問題について

　プラスチックは軽くて丈夫で加工がしやすい便利な素材である。しかし，プラスチック製品は完全に自然分解するまでに1,000年以上かかると言われており，プラスチックごみが一度海に流れ込むと，長期間環境に悪影響を与えることになる。現在，プラスチックごみによる海洋汚染が地球規模で広がっており，北太平洋の米カリフォルニア州沖からハワイ沖には約８万トンのプラスチックごみが集まっている。海に流れ込んだプラスチックごみは海を汚染するだけでなく，ウミガメなどがごみに絡まったり誤飲したりして死んでしまうなど，生態系にも深刻な影響を与えている。

　世界中の国や企業は，深刻化するプラスチックごみ問題への対策を進めている。今では多くの国々が，レジ袋の配布を禁止したり，有料化に取り組んでいる。また，使い捨てストローの流通及び販売を禁止している国もある。

Dictation

英文を聞いて，読まれる英語を書きなさい。

＊2-17

　As you know, plastic garbage has been a serious problem.　The plastic bags, bottles, and containers we throw away ① ______________________________. For example, there is ② ______________________________ in the North Pacific Ocean called the Great Pacific Garbage Patch.　It is located between the coast of California and Hawaii.　According to a research group in the Netherlands, it is 1.6 million square kilometers wide, ③ ______________________________. The total amount of plastic garbage there is said to be as much as 79 million tons.

　In order not to make the situation even more serious, ④ ______________________________ to reduce the amount of plastic waste.

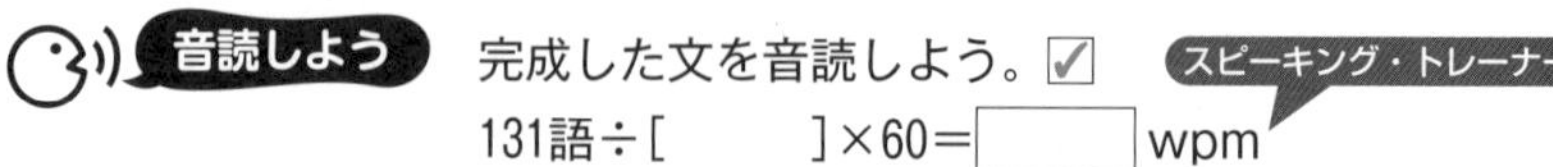

音読しよう
完成した文を音読しよう。✓
131語÷[　　　]×60=[　　　]wpm
スピーキング・トレーナー

Lesson 19

第 5 問対応

2-18 最初に講義を聞き，問 1 から問 6 に答えなさい。次に続きを聞き，問 7 に答えなさい。**状況・ワークシート，問い及び図表を読む時間が与えられた後，音声が 1 回流れます。**

> 状況
> あなたはアメリカの大学で，オランダにおけるスマート農業の実践例についての講義を，ワークシートにメモを取りながら聞いています。

ワークシート

The Netherlands, the second biggest exporter of the farm products

○ **How much farmland area does it have?**

*Area of the farmland / Area of the country ➡ [1]

(________ km²) (________ km²)

*based on the 2013 survey

○ **Smart greenhouses common in the Netherlands**

	do	what	how
Smart greenhouses	condition	temperature	artificially
	[2]	humidity level	[3]
	give	water and fertilizer	artificially
	[4]	sunlight	[5]

問いは次のページにあります。

＊2-19

問1　ワークシートの空欄 [1] に入れるのに最も適切なものを，四つの選択肢（①～④）のうちから一つ選びなさい。

① less than 10%　　② about 40%

③ about 70%　　④ more than 90%

問2～5　ワークシートの空欄 [2] ～ [5] に入れるのに最も適切なものを，六つの選択肢（①～⑥）のうちから一つずつ選びなさい。選択肢は２回以上使ってもかまいません。

① condition　　② give

③ produce　　④ naturally

⑤ artificially　　⑥ naturally and artificially

問6　講義の内容と一致するものはどれか。最も適切なものを，四つの選択肢（①～④）のうちから一つ選びなさい。

① Many farmers in the Netherlands have improved their productivity with the assistance of ICT.

② The tomato is one of the vegetable crops the Netherlands mainly imports from abroad.

③ The ICT-based smart farming in the Netherlands had already begun in the 1980s.

④ The gross amount of agricultural production in the Netherlands is the second most in the world.

3-20 問 7　講義の続きを聞き，**下の表から読み取れる情報と講義全体の内容から**どのようなことが言えるか，最も適切なものを，四つの選択肢（①～④）のうちから一つ選びなさい。

Major Export Destinations of
Dutch Agricultural Products (2015)

Rank	Export Destination	Amount (billion dollars)	Percentage
1	Germany	21.9	25.4%
2	Belgium	9.2	10.6%
3	the UK	9.0	10.4%
4	France	7.4	8.6%
5	Italy	3.3	3.9%

① Germany consumes more agricultural products from the Netherlands than its own products.

② Vegetables from the Netherlands can reach each destination with little spoiling.

③ A convenient transportation system has allowed the Dutch people to travel to neighboring countries faster.

④ Greenhouse vegetables grown in the Netherlands sell well in countries other than Germany.

Answer Sheet

Active Listening
共通テスト対応
Lesson 19

問 1
① ② ③ ④
（3 点）

問 2 ～ 5
2 ① ② ③ ④ ⑤ ⑥
3 ① ② ③ ④ ⑤ ⑥
（完答 2 点）
4 ① ② ③ ④ ⑤ ⑥
5 ① ② ③ ④ ⑤ ⑥
（完答 2 点）

問 6
① ② ③ ④
（4 点）

問 7
① ② ③ ④
（4 点）

Total
/15

Class

No.

Name

Information Column 3

オランダのスマート農業について

オランダの国土面積は約 41,500 km^2 と，日本の九州ほどの大きさしかない。さらに土地が痩せていて冬の日照時間が短いなど，農業に不利な環境がそろっているにもかかわらず，オランダの農産物輸出量はアメリカに次いで世界第 2 位である。そんなオランダを農業大国へと押し上げたのが，ロボット技術や ICT 技術を活用した「スマート農業」だ。オランダの約 8 割の一般農家が，ビニールハウス内の温度や湿度，農作物に与える肥料や水などを，自動制御システムを搭載したコンピュータで管理しているのだ。彼らはこうした科学技術を活用し，農作業の作業効率を上げて品質の高い生産物を実現している。

たとえばトマトの場合，温度や湿度が制御された近代的な太陽光植物工場で栽培がおこなわれる。土ではなくロックウールという素材に植えられ，灌漑チューブで水や肥料が与えられる。この方法により，通常の栽培では 3，4 か月程度の収穫期間であるところを 9 か月程度まで延ばすことが可能になっている。また，1 m^2 当たり 70 kg 程度と，日本の 2 倍以上の収穫量を得ることができる。

Dictation

英文を聞いて，読まれる英語を書きなさい。

＊2-21

Notably, the farming of vegetables like tomatoes, paprikas, and cucumbers is highly controlled under advanced smart greenhouses. Unlike ordinary greenhouses, ① ________________________________. The temperature and humidity levels inside are maintained at a level that will make the plants grow most efficiently. A pipe system ② ________________________________. The monitoring system controls all of these environments. As a result, ③ ________________________________. Therefore, they don't need agricultural chemicals. The sunlight, however, comes directly through the glass ceiling of the house. Thanks to these agricultural techniques, the Netherlands ④ ________________________________ in the world.

完成した文を音読しよう。☑ スピーキング・トレーナー

121語÷[　　　]×60=[　　　]wpm

Lesson 20

第６問Ａ対応

-22 二人の対話を聞き，それぞれの問いの答えとして最も適切なものを，四つの選択肢（①～④）のうちから一つずつ選びなさい。（問いの英文は書かれています。）**状況と問いを読む時間が与えられた後，音声が１回流れます。**

> 状況
>
> Jean が Takashi と，外食で食べきれなかった食べ物（surplus food）について話をしています。

-23 **問１　What is Jean's main point?**

① People often forget what they did before.
② We should avoid taking surplus food out.
③ Restaurants should serve smaller amounts of food.
④ Any food loses its taste when put in the freezer.

問２　Which of the following statements would Takashi agree with?

① Food might go bad unless it is frozen.
② A doggie bag is not good for saving the environment.
③ We should eat up the doggie bag food right away.
④ Even frozen food isn't too bad to eat.

Answer Sheet

Active Listening
共通テスト対応
Lesson 20

問１
①　②　③　④
（３点）

問２
①　②　③　④
（３点）

Total
/6

Class
No.
Name

Information Column 4

食べ残しとドギーバッグについて

「食品ロス」とは，本来ならばまだ食べることができるのに，賞味期限や型崩れなどを理由に廃棄してしまう食品のことを指す。飲食店や家庭での食べ残しや，スーパーマーケットでの売れ残り，賞味期限切れで販売できなくなってしまった食材などが食品ロスに含まれる。

現在，世界で年間約13億トンの食品が廃棄されており(これは全世界の食品の約3分の1が捨てられていることを意味する)，発展途上国で飢餓に苦しむ人々がいる一方で，先進国では多くの食品が廃棄されている現状が問題視されている。特に日本は年間約600万トン以上の食品ロスを出しており，食料廃棄率が世界一である。

食品ロスへの対策として，世界でさまざまな取り組みがなされている。たとえばアメリカでは，飲食店で食べ残した食品を「ドギーバッグ」と呼ばれる容器に入れて持ち帰ることが推奨されている。「ドギーバッグ」という名前は，食べ残しを飼い犬のエサにするという建て前で持ち帰ったことからつけられたと言われている。

Dictation

英文を聞いて，読まれる英語を書きなさい。

＊2-24

A: Takashi, this is a doggie bag. Do you know that? ①________________

B: I've read about that. That's a unique custom, isn't it, Jean? ②________

A: That will save you money. But I wouldn't freeze it. ③______________

B: Why?

A: ④______________________________

B: Really? The frozen pasta and hamburger steak cooked in a good restaurant are still delicious for me.

音読しよう 完成した文を音読しよう。☑ スピーキング・トレーナー

91語÷[　　　]×60=[　　　]wpm

Lesson 21

第6問A対応

Answer Sheet

2-25 二人の対話を聞き，それぞれの問いの答えとして最も適切なものを，四つの選択肢（①～④）のうちから一つずつ選びなさい。（問いの英文は書かれています。）**状況と問いを読む時間が与えられた後，音声が1回流れます。**

状況
会社の同僚がプレゼンテーションの打ち合わせをしています。

2-26 **問1** **What is the woman's main point?**

① She feels telling the negative points of their competitors is a good strategy.

② She thinks telling both the good and bad sides results in getting customers to trust their company.

③ She thinks they had better conceal the demerits of their service.

④ She wants the man to make a point of getting short-term profits.

問2 **Which of the following statements would the man agree with?**

① Having disadvantages will increase his company's value.

② His strategy will not lead to the increase in their sales.

③ It is necessary to speak ill of their rivals to get more sales.

④ Their presentation should be easy for the audience to understand.

Active Listening
共通テスト対応
Lesson 21

問1
① ② ③ ④
（3点）

問2
① ② ③ ④
（3点）

Total
/6

Class ....

No. ....

Name ....

Information Column 5

プレゼンテーションの手法や論の展開について

プレゼンテーションで大切なのは，論の展開（構成）をしっかり考えることである。何について話すかを明確にする Introduction（導入），その具体例や理由を説明する Body（本論），そして簡潔に結論を伝える Conclusion（結論）である。これらに基づいて肉付けし原稿を作成する。本論では，つなぎの語句なども効果的に用いて論点が明確になるようにする。発表の際は次のことに留意する。⑴自信を持って大きな声で話す，⑵ゆっくり話すことを意識する，⑶強弱をつけて聞き手にわかりやすく話す，⑷適度な間を取る，⑸背筋を伸ばして胸を張る，⑹身振り手振りも交えて話す，⑺表情に気をつける，⑻聞き手に満遍なくアイコンタクトを取る，である。原稿を参照しながらおこなう場合，下を向いたままにならないように注意する。また，フリップやスライドなどの視覚情報がある場合は，提示のタイミングなども練習しておく。

Dictation

英文を聞いて，読まれる英語を書きなさい。

＊2-27

A: Do you have a good strategy for next week's presentation?

B: Maybe this isn't a strategy, but, we should take all possible means to show our good points. ① ____________________

A: That might be a good strategy. But I don't want to speak ill of our competitors.

B: I see. Well, how about your opinion? Do you also not want to criticize our rivals?

A: Of course I don't. ② ____________________

B: If they hear that, I think they will lose interest in our service. ③ ____________________

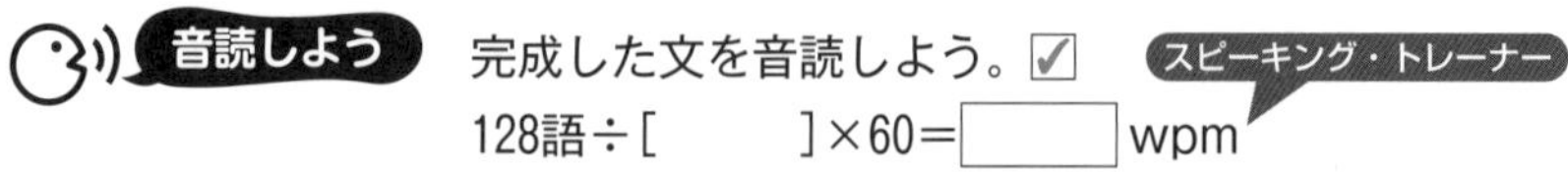

音読しよう
完成した文を音読しよう。✓
スピーキング・トレーナー
128語÷[　　　]×60=[　　　]wpm

Lesson 22

第６問Ａ対応

-28 二人の対話を聞き，それぞれの問いの答えとして最も適切なものを，四つの選択肢（①～④）のうちから一つずつ選びなさい。（問いの英文は書かれています。）**状況と問いを読む時間が与えられた後，音声が１回流れます。**

状況
友人同士が，日本旅行中に感じたことについて話をしています。

-29 **問１** What is the man's main point?

① He feels he has to study Japanese harder.
② He had been worried about the language for his next trip.
③ He thought that the shop needed more bilingual staff.
④ He was disappointed about the restaurants during his trip.

問２ Which of the following is true about the woman?

① She doesn't like to ask a clerk more than necessary.
② She is looking forward to her next visit to Japan.
③ She thinks that the man needs to study foreign languages.
④ She was pleased when she was given a souvenir.

Answer Sheet

Active Listening
共通テスト対応
Lesson 22

問１
① ② ③ ④
（３点）

問２
① ② ③ ④
（３点）

Total
/6

Class
No.
Name

Information Column 6

訪日外国人観光客への外国語対応について

日本を訪れる外国人観光客が感じる不満の中で最も大きいのは，「施設等のスタッフとコミュニケーションがとれない」「多言語に対応していない」ということである。訪日外国人旅行者が快適に観光できる環境整備に向け，政府は対応を加速させている。

国土交通省観光庁のガイドラインによると，美術館・博物館，自然公園，観光地，道路，公共交通機関等において，対応言語は英語，中国語，韓国語がメインで，その他の言語(タイ語，ロシア語など)については必要に応じて対応する様子である。アジア圏からの旅行者も増加している今，案内表示やパンフレットに多言語表記を増やすなど，英語以外の言語への対応も求められる。また，観光地や店舗のスタッフも多言語に対応する必要がある。外国語でコミュニケーションを図れるスタッフの供給が追いついていないのが現状であるが，自動翻訳機を活用したり，日本人スタッフの多くが持つ外国語に対する「難しい」という壁を取り除かなければならないだろう。

Dictation

英文を聞いて，読まれる英語を書きなさい。

＊2-30

A: I had trouble shopping at a souvenir store about ten years ago. For most of the items in the shop, I couldn't understand the details. ① ______________________

B: I had a similar experience at a store last year. ② ______________________ But there was no information in English.

A: Didn't you ask the clerk? You're really fluent in Japanese.

B: ③ ______________________

A: I envy you. ④ ______________________

B: Actually, I don't want to ask a clerk every time I shop. Anyway, don't worry. At other shops and restaurants as well as hotels, I found English signs and instructions almost everywhere.

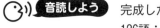

音読しよう　完成した文を音読しよう。☑　スピーキング・トレーナー

126語÷[　　　]×60=[　　　]wpm

Lesson 23

第6問B対応

-31 会話を聞き，それぞれの問いの答えとして最も適切なものを，選択肢のうちから一つずつ選びなさい。下の表を参考にしてメモを取ってもかまいません。**状況と問いを読む時間が与えられた後，音声が1回流れます。**

状況
Professor Arnold が食料廃棄削減の取り組みについて報告した後，司会の Dr. Chaney が Noah と Tatsuya を含めて意見交換をしています。

Professor Arnold	
Dr. Chaney	
Noah	
Tatsuya	

-32 **問1**　会話が終わった時点で，自分たちの地域に公共冷蔵庫を導入することに**反対した人**は四人のうち何人でしたか。四つの選択肢（①～④）のうちから一つ選びなさい。

① 1人
② 2人
③ 3人
④ 4人

問2は次のページにあります。

Answer Sheet

Active Listening
共通テスト対応
Lesson 23

問1
① ② ③ ④
（4点）

問2
① ② ③ ④
（4点）

Total
/8

Class

No.

Name

問2 会話を踏まえて，Professor Arnold の意見を最もよく表している図表を，四つの選択肢(①～④)のうちから一つ選びなさい。

①
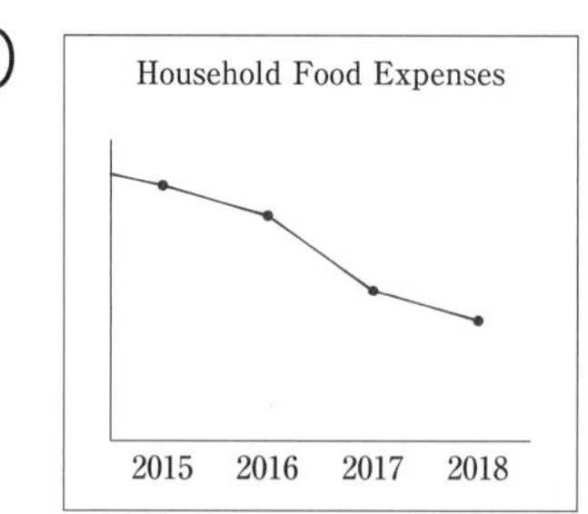

②
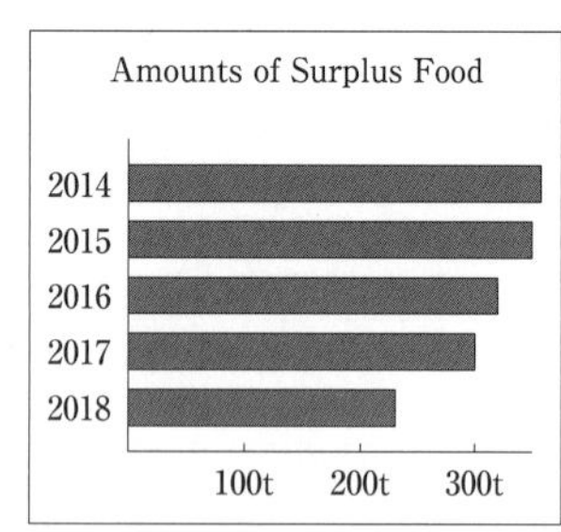

③
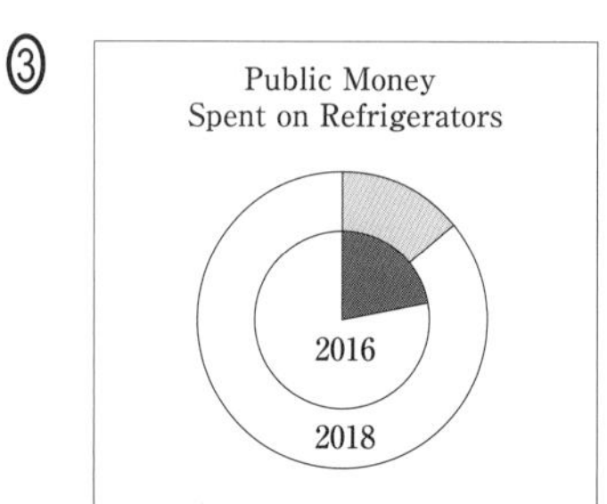

④
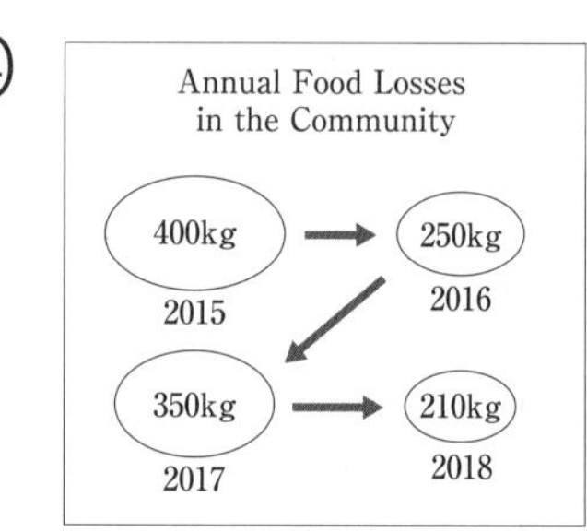

Dictation

英文を聞いて，読まれる英語を書きなさい。

＊2-33

A: I'm Chaney and I'll be the moderator of the discussion. Thank you, Prof. Arnold. ① ______________________________ ______________ Noah, do you have any comments?

B: ② ______________________________ ______________________________

C: Prof. Arnold, may I ask you a question?

D: Of course, please do, Tatsuya.

C: Is this refrigerator open to anyone living nearby?

D: Yes. ③ ______________________________ ______________

A: I'm the moderator, but I also have a question. Who manages the refrigerators?

D: Volunteers. ④ ______________________________ ______________

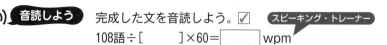

完成した文を音読しよう。✓

108語÷[　　　]×60=[　　　]wpm

Lesson 24

第 6 問B対応

-34 会話を聞き，それぞれの問いの答えとして最も適切なものを，選択肢のうちから一つずつ選びなさい。下の表を参考にしてメモを取ってもかまいません。**状況と問いを読む時間が与えられた後，音声が 1 回流れます。**

状況

四人の学生(Barbara，Jessica，Ryota，Alex)が，カラーコンタクトレンズの購入方法について意見交換をしています。

Barbara	
Jessica	
Ryota	
Alex	

-35 **問 1**　会話が終わった時点で，カラーコンタクトレンズのインターネット購入に**賛成した人**は四人のうち何人でしたか。四つの選択肢(①～④)のうちから一つ選びなさい。

① 1 人
② 2 人
③ 3 人
④ 4 人

問 2 は次のページにあります。

Answer Sheet

Active Listening
共通テスト対応
Lesson 24

問 1
① ② ③ ④
(4 点)

問 2
① ② ③ ④
(4 点)

Total
/8

Class

No.

Name

問 2　会話を踏まえて，Barbara の意見を最もよく表している図表を，四つの選択肢（①～④）のうちから一つ選びなさい。

①
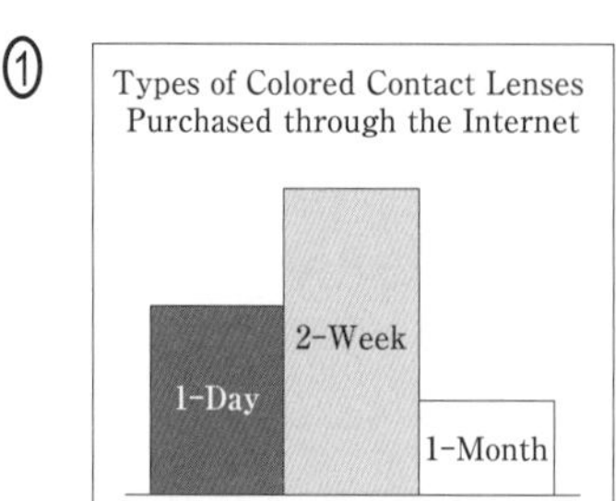

②
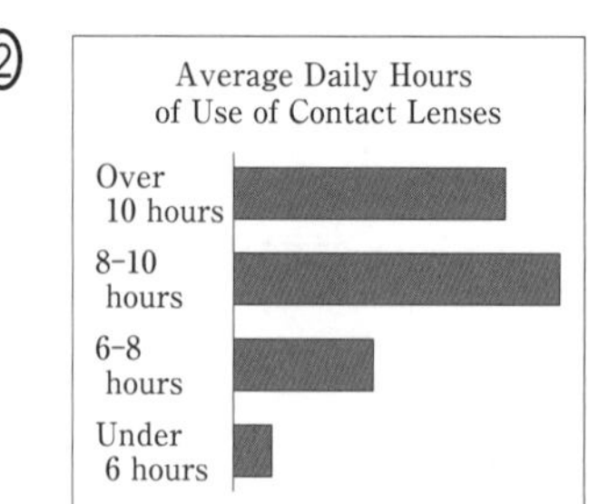

③
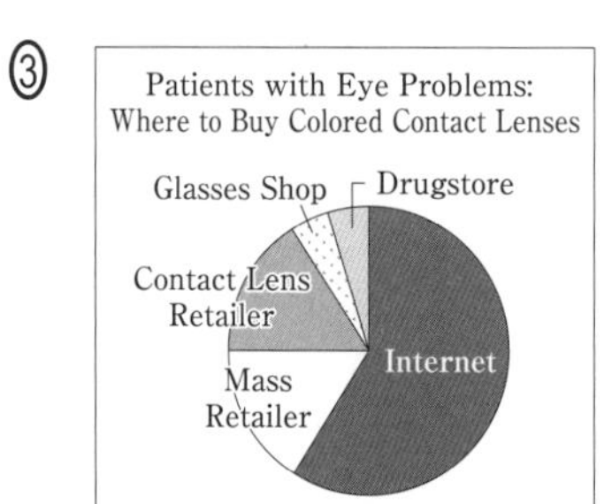

④
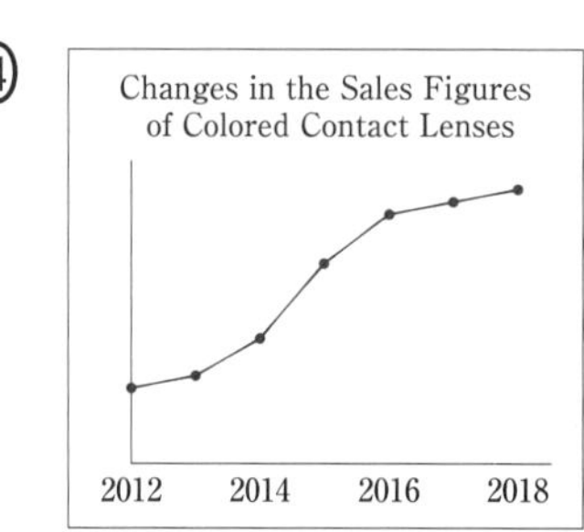

Dictation

英文を聞いて，読まれる英語を書きなさい。

＊2-36

A: Jessica, you said you often buy color contact lenses on the Internet.　Is it easy to get them?

B: Yeah.　It's quite easy.　① ______________________________

____

____

____

A: ② ______________________________

____

____

B: I think it's no problem.　I've never had trouble with my eyes.

A: Let's see ...　Look.　The article on my smartphone says that 59.1% of the patients who suffer from some eye trouble buy contact lenses without a doctors' examination ...

音読しよう　完成した文を音読しよう。☑　スピーキング・トレーナー

117語÷[　　　]×60＝[　　　]wpm

第６問Ｂ対応

-37 会話を聞き，それぞれの問いの答えとして最も適切なものを，選択肢のうちから一つずつ選びなさい。下の表を参考にしてメモを取ってもかまいません。**状況と問いを読む時間が与えられた後，音声が１回流れます。**

状況

Professor Kato と三人の学生(Yuhei, Jane, Rachel)が，学校でのスマートフォンの使用について意見交換をしています。

Professor Kato	
Yuhei	
Jane	
Rachel	

-38 **問１**　会話が終わった時点で，学校でのスマートフォンの使用に**賛成した人**は四人のうち何人でしたか。四つの選択肢(①～④)のうちから一つ選びなさい。

① １人
② ２人
③ ３人
④ ４人

問２は次のページにあります。

Answer Sheet

Active Listening
共通テスト対応
Lesson 25

問１
① ② ③ ④
（４点）

問２
① ② ③ ④
（４点）

Total

/8

Class

No.

Name

問 2　会話を踏まえて，Rachel の意見を最もよく表している図表を，四つの選択肢(①〜④)のうちから一つ選びなさい。

①
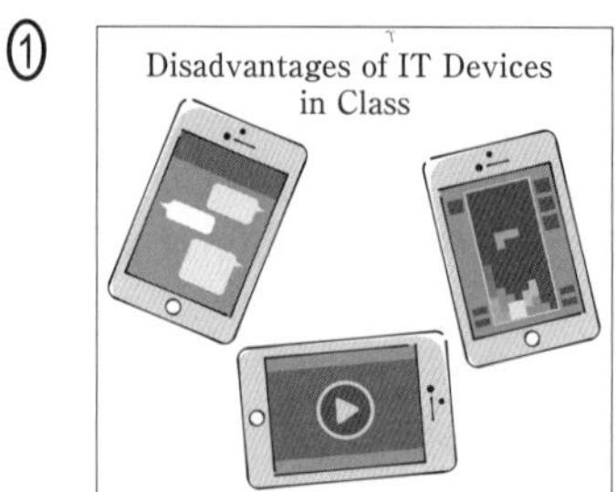

②
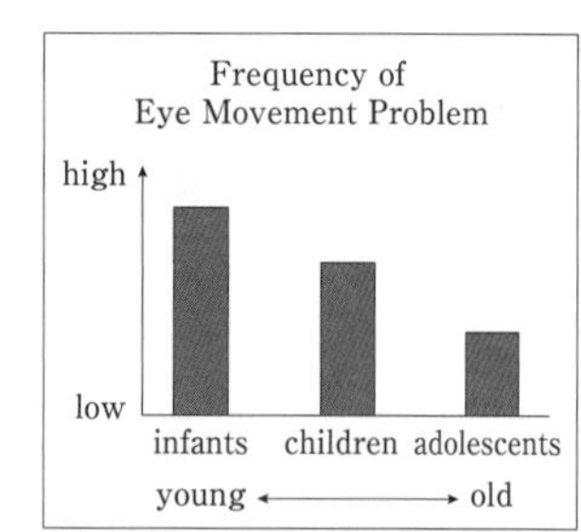

③
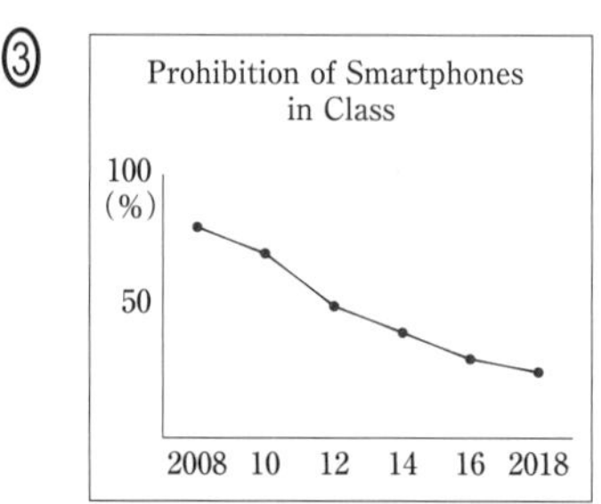

④
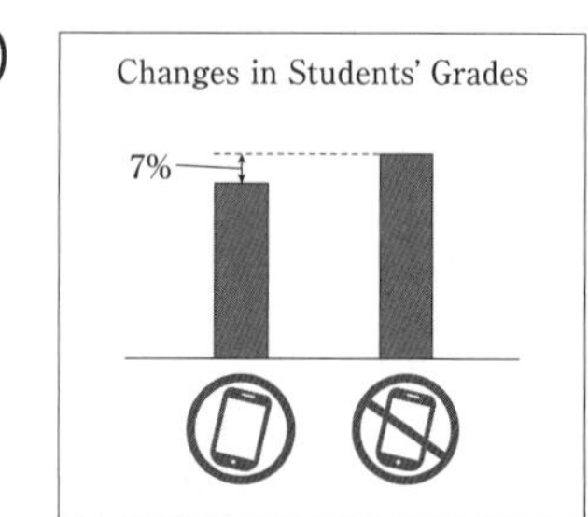

Dictation

英文を聞いて，読まれる英語を書きなさい。

＊2-39

A: I know there are different opinions about letting school children bring smartphones to school. I'm in favor of it. How about you, Yuhei?

B: Ah ... I think it's a little early to let children use a smartphone. Jane, do you think so, too?

C: Hmm ... I don't think so.

B: Is that so? ①______________________________

____

____

C: ②____________________________________

____

____

A: I believe that through education they will be able to learn how to use smartphones properly in each situation.

音読しよう　完成した文を音読しよう。☑　スピーキング・トレーナー

117語÷[　　　]×60=[　　　]wpm

[第１回]

英　語【リスニング】(30分)

注意事項

1．**試験開始の合図があるまで，この問題冊子の中を見てはいけません。**

2．この問題は，２ページから15ページまであります。
　試験中に問題冊子の印刷不鮮明，ページの落丁・乱丁及び解答用紙の汚れ等に気づいた場合は，手を挙げて監督の先生に知らせなさい。

3．試験は音声によって行われます。

4．この試験では，聞き取る英語の音声を２回流す問題と，１回流す問題があります。流す回数は下の表のとおりです。また，流す回数は，各問題の指示文にも書かれています。

問題	第１問	第２問	第３問	第４問	第５問	第６問
流す回数	２回	２回	１回	１回	１回	１回

5．解答は，設問ごとに別紙解答用紙に記入しなさい。問題冊子に記入しておいて，途中や最後にまとめて解答用紙に転記してはいけません(まとめて転記する時間は用意されていません。)。

6．解答用紙には解答欄以外に「組，番号，名前」の記入欄があるので，それぞれ正しく記入しなさい。

＊3-1 ［第１回］

英　語【リスニング】

（試験時間 30分）

（解答番号 1 ～ 37）

第１問　音声は２回流れます。

第１問はAとBの二つの部分に分かれています。

A　第１問Aは問１から問４までの４問です。英語を聞き，それぞれの内容と最もよく合っているものを，四つの選択肢（①～④）のうちから一つずつ選びなさい。

＊3-2 問１ 1

① The speaker left home at the usual time.
② The speaker left home earlier than usual.
③ The speaker left school earlier than usual.
④ The speaker went to school by bike today.

＊3-3 問２ 2

① The speaker has to report a movie now.
② The speaker is going to write a report tonight.
③ The speaker is going to make a movie.
④ The speaker will finish watching a movie.

＊3-4 問３ 3

① The speaker does not bring any books when she travels.
② The speaker does not read so often.
③ The speaker forgot to bring some books.
④ The speaker loves reading when she travels.

＊3-5 問４ 4

① An athlete should have a strong body and mind.
② An athlete should train only the body.
③ An athlete should train only the mind.
④ To be an athlete is important.

＊3-6 B　**第1問**B は**問**5 から**問**7 までの 3 問です。英語を聞き，それぞれの内容と最もよく合っている絵を，四つの選択肢（①～④）のうちから一つずつ選びなさい。

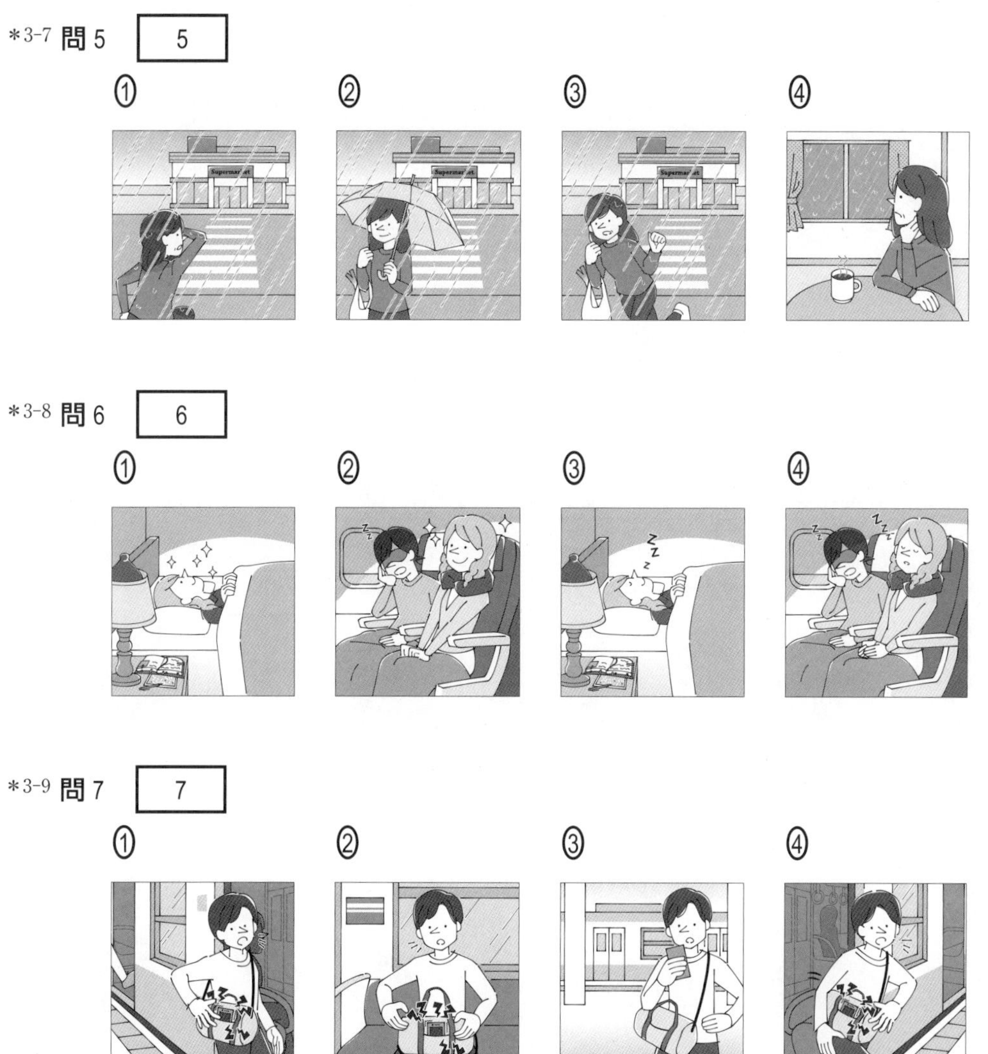

＊3-10 **第２問　音声は２回流れます。**

第２問は**問**８から**問**11までの４問です。それぞれの問いについて，対話の場面が日本語で書かれています。対話とそれについての問いを聞き，その答えとして最も適切なものを，四つの選択肢（①～④）のうちから一つずつ選びなさい。

＊3-11 **問**８　二人が部屋でソファーの置き場所について話しています。 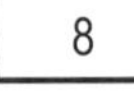

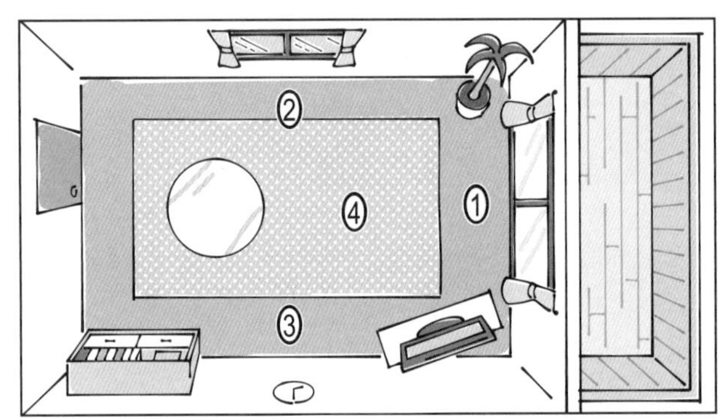

＊3-12 **問**９　二人がカフェでメニューを見ながら話しています。 

①  
②  
③ 
④ 

＊3-13 **問**10　男性が着て行く服についてアドバイスをもらっています。 

① 
② 
③ 
④  

＊3-14 **問**11　二人が写真展で写真を見ながら話しています。 

①  
② 
③ 
④  

＊3-15 ## **第3問　音声は1回流れます。**

第3問は**問**12から**問**17までの6問です。それぞれの問いについて，対話の場面が日本語で書かれています。対話を聞き，問いの答えとして最も適切なものを，四つの選択肢(①～④)のうちから一つずつ選びなさい。(問いの英文は書かれています。)

＊3-16 **問**12　女性がホテルのフロントでチェックインしています。

Which room is the woman going to stay in? [12]

① The city front view room

② The ocean front view room

③ The room with both the city and ocean view

④ The room with only the city tower view

＊3-17 **問**13　仕事から帰ってきた男性が奥さんと今夜の夕食について話をしています。

What are they going to eat for dinner? [13]

① Boiled eggs and mashed potatoes

② Green salad

③ Steak and mashed potatoes

④ Steak and boiled eggs

＊3-18 **問**14　海に来た男性と女性が話をしています。

What will the woman do? [14]

① Go home

② Sleep under the beach umbrella

③ Surf a wave

④ Swim in the sea

第3問はさらに続きます。

＊3-19 **問15**　友人同士が今見た映画の感想を話しています。

Why does the woman prefer the TV drama series? 15

① They are not so serious stories.

② They are serious stories.

③ They are thrilling stories.

④ They are full of action scenes.

＊3-20 **問16**　書店で学生が店員と話をしています。

What is the student going to do after this? 16

① Go to the library to look for the book

② Order the book online

③ Pre-order the book at the bookstore

④ Visit the bookstore next week

＊3-21 **問17**　大学で友人同士が授業の選択について話をしています。

Which is true according to the conversation? 17

① Professor Robert is a "good" teacher for the man.

② Professor Robert is very strict on his students.

③ Professor Robert never calls the roll.

④ Professor Smith gives an assignment every week.

＊3-22 **第４問　音声は１回流れます。**

第４問はＡとＢの二つの部分に分かれています。

Ａ　**第４問Ａ**は**問**18から**問**25の８問です。話を聞き，それぞれの問いの答えとして最も適切なものを，選択肢から選びなさい。**問題文と図表を読む時間が与えられた後，音声が流れます。**

＊3-23 **問**18～21　あなたは，授業で配られたワークシートのグラフを完成させようとしています。先生の説明を聞き，四つの空欄 18 ～ 21 に入れるのに最も適切なものを，四つの選択肢（①～④）のうちから一つずつ選びなさい。

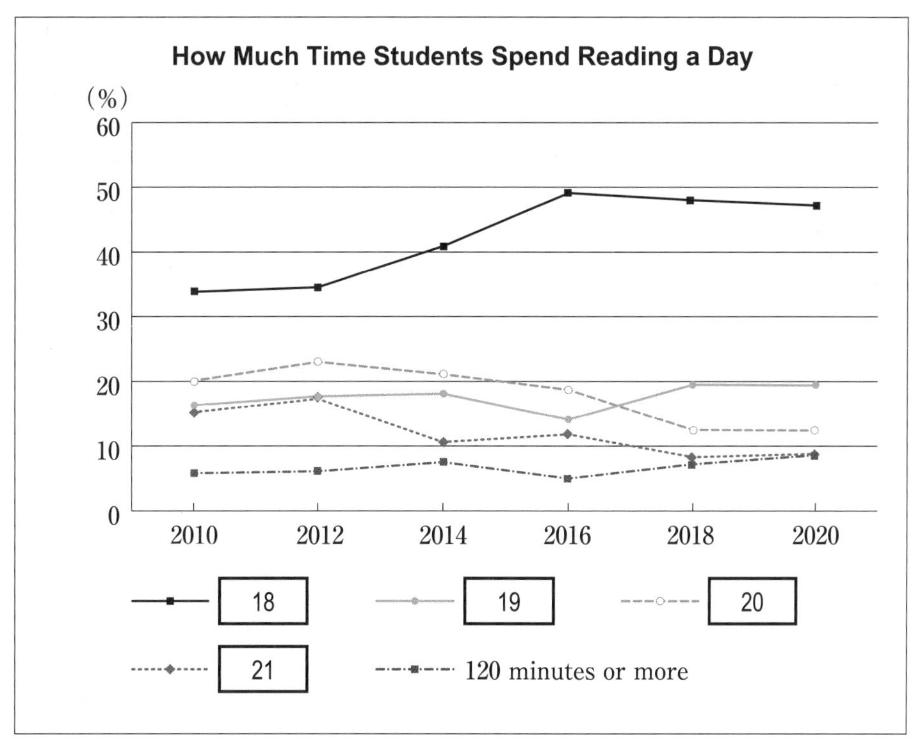

① 0 minutes

② Less than 30 minutes

③ 30 to 60 minutes

④ 60 to 120 minutes

*3-24 **問22〜25**　あなたは，美容院でメニューを選んでいて，料金表についての説明を聞いています。話を聞き，下の表の四つの空欄 22 〜 25 に入れるのに最も適切なものを，五つの選択肢（①〜⑤）のうちから一つずつ選びなさい。選択肢は２回以上使ってもかまいません。

	Stylist	Specialist Stylist	Artistic Director
Cut and Finish	22	23	£65
Shampoo and Finish (Treatment)	£20 (+£15)	24 (+£15)	£50 (+£15)
Highlights Full-head	£75	£90	£105
Highlights Half-head	£55	25	£80

① £15　　② £25　　③ £35　　④ £45　　⑤ £65

＊3-25 B　**第４問**Bは**問26**の１問です。話を聞き，示された条件に最も合うものを，四つの選択肢（①～④）のうちから一つ選びなさい。下の表を参考にしてメモを取ってもかまいません。**状況と条件を読む時間が与えられた後，音声が流れます。**

状況

あなたは，ロンドンへ行く航空券を購入しようとしています。航空会社を一つ決めるために，四人の説明を聞いています。

あなたが考えている条件

A．直行便または日本国内での乗り継ぎが１回であること

B．日曜日にロンドンに到着すること

C．通路側の座席が空いていること

Airlines	Condition A	Condition B	Condition C
① Air France			
② Singapore Airlines			
③ British Airways			
④ Japan Airlines			

＊3-26 **問26** 26 is the airline you are most likely to choose.

① Air France

② Singapore Airlines

③ British Airways

④ Japan Airlines

＊3-27 **第５問　音声は１回流れます。**

第５問は**問**27から**問**33の７問です。最初に講義を聞き，**問**27から**問**32に答えなさい。次に続きを聞き，**問**33に答えなさい。**状況・ワークシート，問い及び図表を読む時間が与えられた後，音声が流れます。**

> 状況
> あなたはアメリカの大学で，月探査の歴史と関連する国家についての講義を，ワークシートにメモを取りながら聞いています。

ワークシート

○ **The first stage of the exploration of the moon**

～ August 1959: All failed

⇩

September 1959 ～ 1960: Succeeded by [27]

⇩

1960 ～: Success increased

○ **Types of exploration mission**

		Result	Style
The Soviet Union	Luna 2	reached the moon	[28]
	Luna 3	[29]	unmanned
	Luna 9	[30]	unmanned
The US	Surveyor 1	reached the moon	unmanned
	Apollo 8	not reached the moon	[31]
	Apollo 11	reached the moon	manned

*3-28 **問27**　ワークシートの空欄 [27] に入れるのに最も適切なものを，四つの選択肢（①～④）のうちから一つ選びなさい。

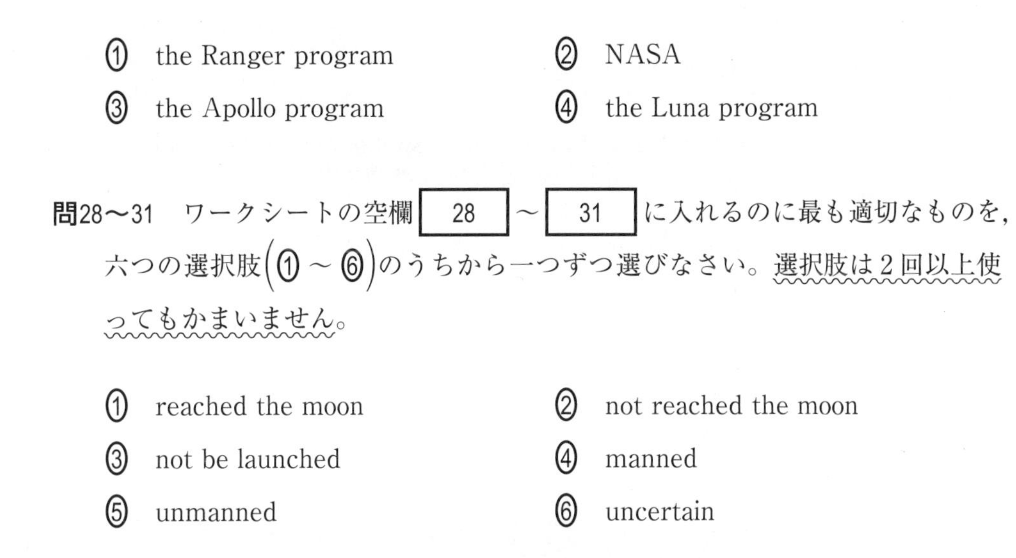

① the Ranger program　② NASA

③ the Apollo program　④ the Luna program

問28～31　ワークシートの空欄 [28] ～ [31] に入れるのに最も適切なものを，六つの選択肢（①～⑥）のうちから一つずつ選びなさい。選択肢は２回以上使ってもかまいません。

① reached the moon　② not reached the moon

③ not be launched　④ manned

⑤ unmanned　⑥ uncertain

問32　講義の内容と一致するものはどれか。最も適切なものを，四つの選択肢（①～④）のうちから一つ選びなさい。 [32]

① Unfortunately, the Soviet Luna 3 is thought to have been crashed when landing on the moon.

② The Soviet spacecraft soft-landed on the moon earlier than the American one did.

③ The competition for the exploration of the moon still continues between the US and the Soviet Union.

④ In December 1968, US astronauts landed on the moon for the first time in human history.

第５問はさらに続きます。

＊3-29 **問33** 講義の続きを聞き，**下の図から読み取れる情報と講義全体の内容から**どのようなことが言えるか，最も適切なものを，四つの選択肢（①～④）のうちから一つ選びなさい。 33

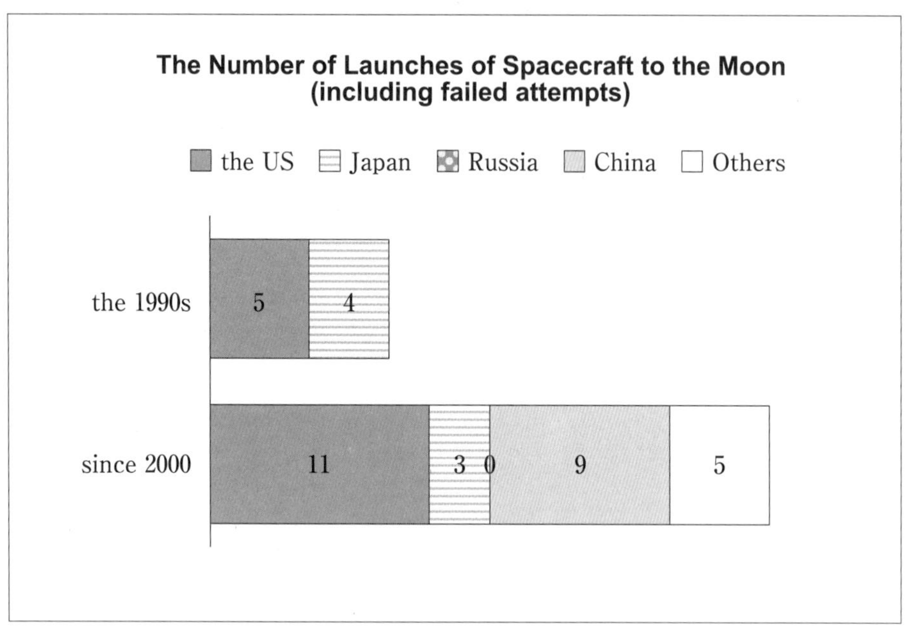

① China has launched a lot of spacecraft and aimed at manned exploration since the 1990s.

② By the year 2028, Japanese astronauts will land on the moon again, which is sooner than any other country.

③ Russia, unlike the Soviet Union, is not willing to launch spacecraft.

④ Some countries succeeded in landing astronauts on the surface of the moon in the past ten years.

＊3-30 **第6問　音声は1回流れます。**

第6問はAとBの二つの部分に分かれています。

A　**第6問A**は**問34**・**問35**の2問です。二人の対話を聞き，それぞれの問いの答えとして最も適切なものを，四つの選択肢(①～④)のうちから一つずつ選びなさい。(問いの英文は書かれています。)**状況と問いを読む時間が与えられた後，音声が流れます。**

状況 Emma が Kotaro と日焼け止め(sunscreens)について話をしています。

＊3-31 **問34**　What is Emma's main point? [34]

① She has used sunscreen for a long time.
② It is important for her to wear a hat.
③ She has protected her skin from burning.
④ The more powerful the sunscreen is, the better it is for the skin.

問35　Which of the following statements would Kotaro agree with? [35]

① Drugstores should give organic sunscreens for free.
② Any sunscreen should be helpful to the skin.
③ He likes to go out wearing a T-shirt and short pants.
④ The sunscreens he knows are all unsuitable for him.

＊3-32 B　**第6問**Bは**問36・問37**の２問です。会話を聞き，それぞれの問いの答えとして最も適切なものを，選択肢のうちから一つずつ選びなさい。下の表を参考にしてメモを取ってもかまいません。**状況と問いを読む時間が与えられた後，音声が流れます。**

状況
四人の学生(Jim，Beth，May，Sho)が，Dr. Paterson による日焼け止めに関する講演内容について意見交換をしています。

Jim	
Beth	
May	
Sho	

＊3-33 **問36**　会話が終わった時点で，これからも日焼け止めを**使うつもりの人**は四人のうち何人でしたか。四つの選択肢(①～④)のうちから一つ選びなさい。 36

① 1人
② 2人
③ 3人
④ 4人

問37　会話を踏まえて，Dr. Paterson の意見を最もよく表している図表を，四つの選択肢（①〜④）のうちから一つ選びなさい。 37

①
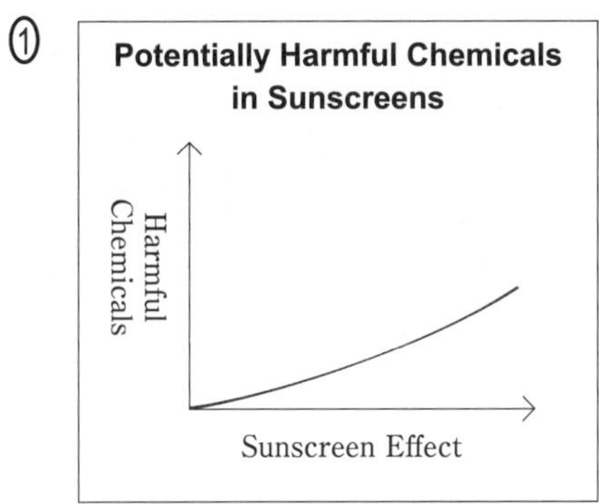

②
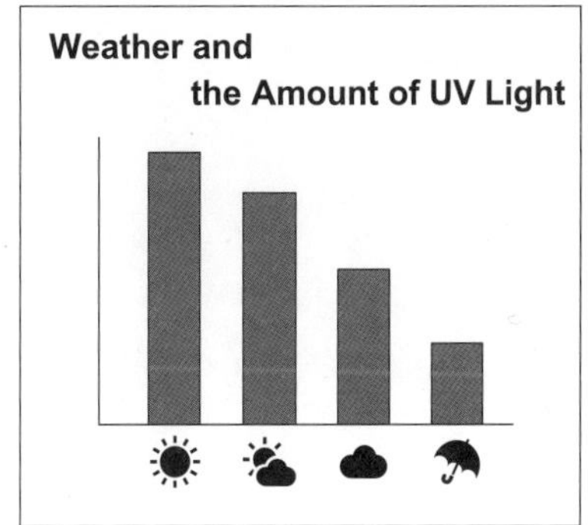

③
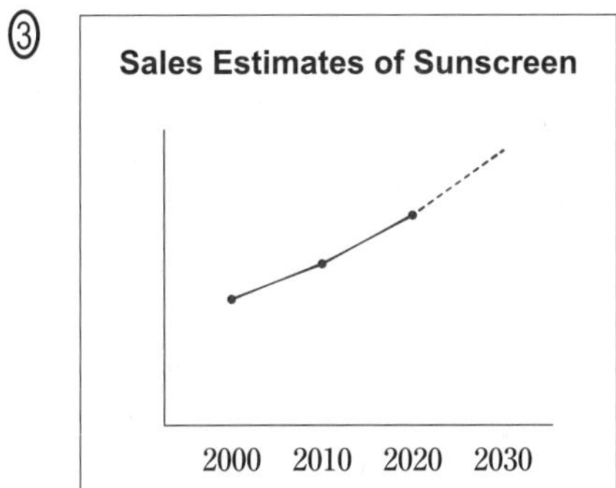

④
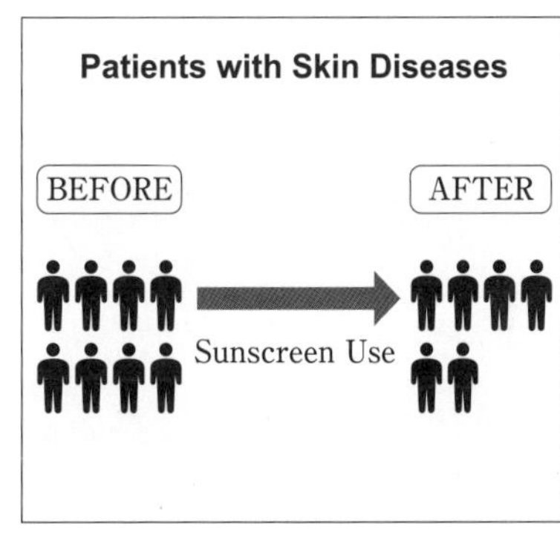

[第2回]

英　語【リスニング】(30分)

注 意 事 項

1. **試験開始の合図があるまで，この問題冊子の中を見てはいけません。**
2. この問題は，2ページから15ページまであります。
   試験中に問題冊子の印刷不鮮明，ページの落丁・乱丁及び解答用紙の汚れ等に気づいた場合は，手を挙げて監督の先生に知らせなさい。
3. 試験は音声によって行われます。
4. この試験では，聞き取る英語の音声を２回流す問題と，１回流す問題があります。流す回数は下の表のとおりです。また，流す回数は，各問題の指示文にも書かれています。

問題	第１問	第２問	第３問	第４問	第５問	第６問
流す回数	２回	２回	１回	１回	１回	１回

5. 解答は，設問ごとに別紙解答用紙に記入しなさい。問題冊子に記入しておいて，途中や最後にまとめて解答用紙に転記してはいけません(まとめて転記する時間は用意されていません。)。
6. 解答用紙には解答欄以外に「組，番号，名前」の記入欄があるので，それぞれ正しく記入しなさい。

＊3-34 **[第２回]**

英　語【リスニング】

（試験時間 30分）

（解答番号 [1] ～ [37]）

第１問　音声は２回流れます。

第１問はＡとＢの二つの部分に分かれています。

Ａ　**第１問Ａ**は**問**１から**問**４までの４問です。英語を聞き，それぞれの内容と最もよく合っているものを，四つの選択肢（①～④）のうちから一つずつ選びなさい。

＊3-35 **問１** [1]

① It is going to be cold after the evening.
② It is going to be cold in the afternoon.
③ It is going to be hot at night.
④ It is going to be hot in the morning.

＊3-36 **問２** [2]

① The speaker's sister dislikes cats.
② The speaker's sister doesn't keep a cat.
③ The speaker's sister doesn't like animals.
④ The speaker's sister likes cats and has one cat.

＊3-37 **問３** [3]

① The speaker is drinking too much.
② The speaker is going to eat greens.
③ The speaker is going to eat more food.
④ The speaker is going to have something to drink.

＊3-38 **問４** [4]

① The speaker ate cheese for the first time.
② The speaker didn't like the cheesecake she made.
③ The speaker's cheesecake was not so delicious.
④ The speaker was able to make a delicious cheesecake.

＊3-39 B　**第1問**Bは**問**5から**問**7までの3問です。英語を聞き，それぞれの内容と最もよく合っている絵を，四つの選択肢（①～④）のうちから一つずつ選びなさい。

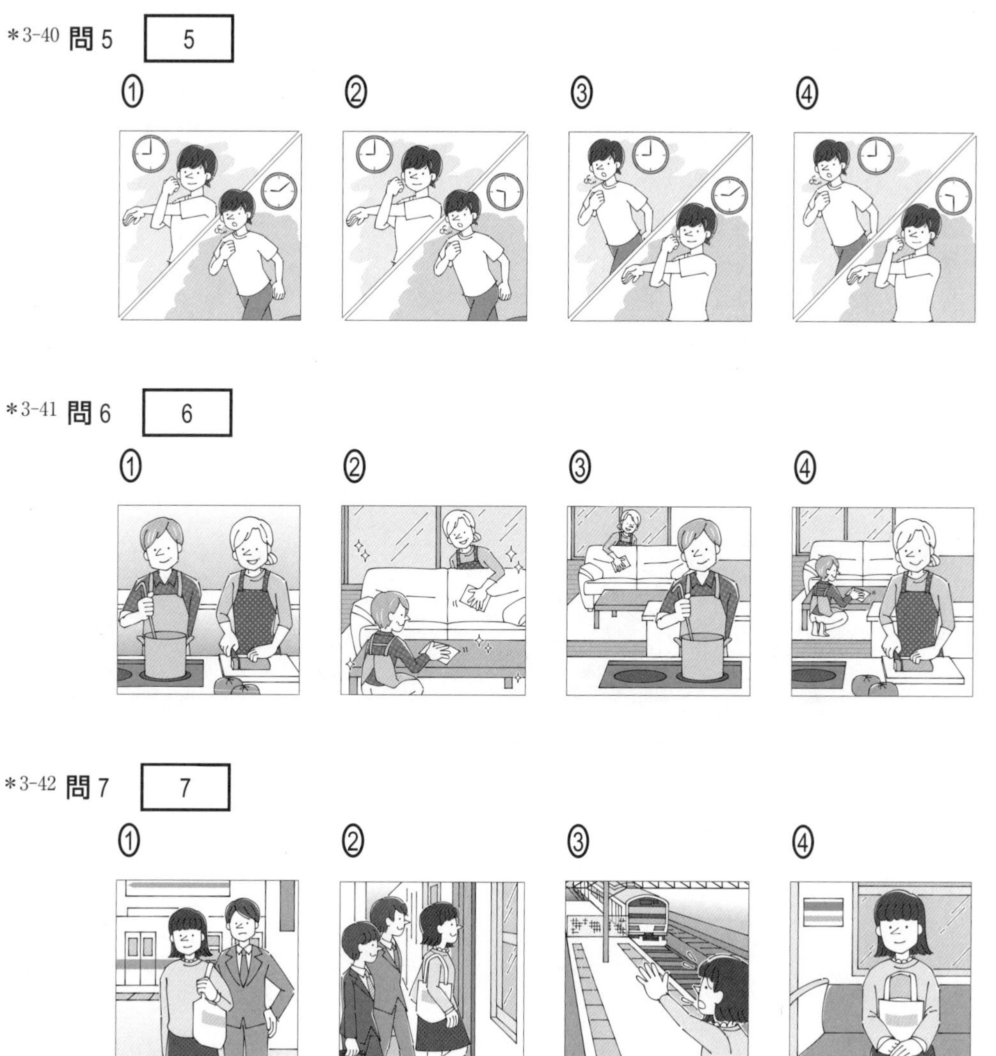

＊3-43 **第 2 問　音声は 2 回流れます。**

第 2 問は**問** 8 から**問**11までの 4 問です。それぞれの問いについて，対話の場面が日本語で書かれています。対話とそれについての問いを聞き，その答えとして最も適切なものを，四つの選択肢（①～④）のうちから一つずつ選びなさい。

＊3-44 **問** 8　ハイキング中の男女が，山道を歩きながら話しています。 [8]

①

②

③

④

＊3-45 **問** 9　男の子がクラブ活動について話しています。 [9]

①

②

③

④

＊3-46 **問**10　二人が午後から公園に行く話をしています。 [10]

①
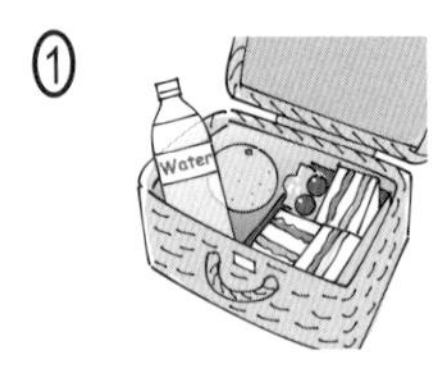

②
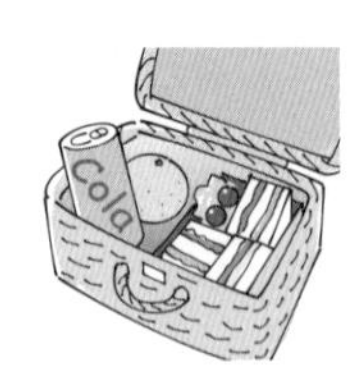

③

④

＊3-47 **問**11　女性が最近飼い始めたペットの話をしています。 [11]

①

②

③

④

*3-48 第3問　音声は1回流れます。

第3問は**問**12から**問**17までの6問です。それぞれの問いについて，対話の場面が日本語で書かれています。対話を聞き，問いの答えとして最も適切なものを，四つの選択肢（①～④）のうちから一つずつ選びなさい。（問いの英文は書かれています。）

*3-49 **問12**　友人同士が音楽のバンドを組もうと話し合っています。

Which instrument do they need to have a more dynamic sound? 12

① Drums　② Keyboard

③ Guitar　④ Trumpet

*3-50 **問13**　友人同士がパーティーに着て行く服を話し合っています。

What clothes is the woman going to wear to the party? 13

① A black and orange dress

② Black pants

③ An orange dress

④ A pumpkin-style dress

*3-51 **問14**　男性が女性に本を選んでもらっています。

What is the woman's advice about how to read a book? 14

① It's important to read a difficult book.

② It's important to read without a dictionary.

③ It's important to solve a mystery.

④ It's important to use a dictionary.

第3問はさらに続きます。

*3-52 **問15** 女性が買ったカメラについて話をしています。

Why did the woman buy the camera? [15]

① Because her favorite singer is using the camera.

② Because her friends have cameras, too.

③ Because her old camera was broken.

④ Because her smartphone had something wrong.

*3-53 **問16** レストランの入口で男性が店員と話をしています。

Where is this restaurant likely to be located? [16]

① Along the coast

② In the suburbs of the city

③ On the first floor in the center of the city

④ On the top floor of a skyscraper

*3-54 **問17** 病院で女性が医者と話をしています。

What did the doctor ask the woman? [17]

① The name of the medicine she took

② Whether she has a headache

③ Whether she is taking medicine

④ Whether she went to another doctor

＊3-55 **第４問　音声は１回流れます。**

第４問はＡとＢの二つの部分に分かれています。

Ａ　**第４問Ａ**は**問**18から**問**25の８問です。話を聞き，それぞれの問いの答えとして最も適切なものを，選択肢から選びなさい。**問題文と図表を読む時間が与えられた後，音声が流れます。**

＊3-56 **問**18～21　あなたは，授業で配られたワークシートの表を完成させようとしています。先生の説明を聞き，四つの空欄 18 ～ 21 に入れるのに最も適切なものを，四つの選択肢（①～④）のうちから一つずつ選びなさい。

Comparative Ranking of Estimated Populations in 2050 and 2019

Ranking in 2050	Ranking in 2019	Countries	Estimated populations in 2050
1	2	18	1,639,000,000
2	1	China	1,402,000,000
3	7	Nigeria	401,000,000
4	3	The United States	379,000,000
5	5	19	338,000,000
6	4	Indonesia	331,000,000
7	6	Brazil	229,000,000
8	12	Ethiopia	205,000,000
9	16	20	194,000,000
10	8	Bangladesh	193,000,000
⋮			
17	11	21	106,000,000

① India　　② Japan

③ Pakistan　　④ The Republic of Congo

＊3-57 **問22〜25**　あなたは，大学で動物科学コースを選択しようとしていて，授業料についての説明を聞いています。話を聞き，下の表の四つの空欄 22 〜 25 に入れるのに最も適切なものを，五つの選択肢（①〜⑤）のうちから一つずつ選びなさい。選択肢は２回以上使ってもかまいません。

		UK / EU	Overseas
Full-time	year 1		22
	years 2-3	23	
Part-time	year 1	24	
	years 2-3		25

①　£3,250　　②　£4,250　　③　£5,950　　④　£8,500　　⑤　£9,250

＊3-58 B　**第4問**Bは**問26**の１問です。話を聞き，示された条件に最も合うものを，四つの選択肢（①～④）のうちから一つ選びなさい。下の表を参考にしてメモを取ってもかまいません。**<u>状況と条件を読む時間が与えられた後，音声が流れます</u>**。

<u>状況</u>

あなたは，大学入学後に住む寮(accommodation)を一つ決めるために，四人の説明を聞いています。

<u>あなたが考えている条件</u>

A．図書館から近いこと

B．バス・トイレ付き(en-suite)の個室であること

C．家賃が150ポンド以下であること

Accommodations	Condition A	Condition B	Condition C
① Lily Court			
② Violet House			
③ Daisy Hall			
④ Rose Court			

＊3-59 **問26**　[26] **is the accommodation you are most likely to choose.**

① Lily Court

② Violet House

③ Daisy Hall

④ Rose Court

＊3-60 **第５問　音声は１回流れます。**

第５問は**問**27から**問**33の７問です。最初に講義を聞き，**問**27から**問**32に答えなさい。次に続きを聞き，**問**33に答えなさい。**状況・ワークシート，問い及び図表を読む時間が与えられた後，音声が流れます。**

状況

あなたはアメリカの大学で，ロンドンのルネサンス期の劇場についての講義を，ワークシートにメモを取りながら聞いています。

ワークシート

○ **The English Renaissance theater**

Queen Elizabeth I — King James I — Charles I

(1558 ～)　(1603 ～)　(1625 ～)

⇨ Entire Period: [27]

○ **Public playhouses in London around 1600**

	Opened	Location	Shape
Theatre	1576	north of the Thames	round
Curtain	1577	north of the Thames	[28] (recently found)
Rose	1587	south of the Thames	round
Swan	1595	south of the Thames	round
Globe	1599	[29]	round
Fortune	1600	north of the Thames	[30] (originally)
Red Bull	about 1605	[31]	quadrangular

＊3-61 問27 ワークシートの空欄 27 に入れるのに最も適切なものを，四つの選択肢（①～④）のうちから一つ選びなさい。

① between 1558 and 1632
② between 1600 and 1642
③ 22 years
④ 84 years

問28～31 ワークシートの空欄 28 ～ 31 に入れるのに最も適切なものを，六つの選択肢（①～⑥）のうちから一つずつ選びなさい。選択肢は2回以上使ってもかまいません。

① north of the Thames
② south of the Thames
③ unknown
④ octagonal
⑤ round
⑥ quadrangular

問32 講義の内容と一致するものはどれか。最も適切なものを，四つの選択肢（①～④）のうちから一つ選びなさい。 32

① The Globe began its operation in advance of the Rose and the Swan.
② Until recently, the outer shape of the Curtain was thought to be round.
③ The details of the playhouses in London around 1600 have been researched thoroughly.
④ Research shows that the Red Bull was rebuilt with a different outer shape.

第5問はさらに続きます。

＊3-62 **問33**　講義の続きを聞き，**下の表から読み取れる情報と講義全体の内容から**どのようなことが言えるか，最も適切なものを，四つの選択肢（①～④）のうちから一つ選びなさい。 33

London Public Playhouses in Operation			
By 1580	By 1590	By 1610	By 1630
Theatre	Theatre		
Curtain	Curtain	Curtain	
	Rose	Rose	
		Swan	
		Globe	Globe
		Fortune	Fortune
		Red Bull	Red Bull

① All of the public playhouses listed in London were still being used in 1610.

② The Theatre, the first public playhouse in London, was no longer in operation in 1610.

③ The Rose and the Fortune both began their service in the 17th century.

④ As they got too old, the Globe, the Fortune, and the Red Bull ended their operation.

*3-63 第6問　音声は1回流れます。

第6問はAとBの二つの部分に分かれています。

A　**第6問**Aは**問**34・**問**35の2問です。二人の対話を聞き，それぞれの問いの答えとして最も適切なものを，四つの選択肢(①～④)のうちから一つずつ選びなさい。(問いの英文は書かれています。)**状況と問いを読む時間が与えられた後，音声が流れます。**

> 状況
>
> Aya が Paul とワイヤレスイヤホン(wireless earbuds)について話をしています。

*3-64 **問34**　**What is Aya's main point?** [34]

① Wireless earbuds can work longer than she expects.
② Wireless earbuds are more expensive than wired ones.
③ Only the sound quality is not good enough with wireless earbuds.
④ At present wireless earbuds are insufficient for daily use.

問35　**Which of the following statements would Paul agree with?** [35]

① Aya should buy her wireless earbuds as soon as possible.
② Wired earbuds are more suitable for Aya.
③ The sound of wireless earbuds needs to be improved.
④ The batteries of wireless earbuds are smaller than expected.

＊3-65 B　**第6問**Bは**問36**・**問37**の2問です。会話を聞き，それぞれの問いの答えとして最も適切なものを，選択肢のうちから一つずつ選びなさい。下の表を参考にしてメモを取ってもかまいません。**状況と問いを読む時間が与えられた後，音声が流れます。**

<u>状況</u>

Professor Green と3人の学生(Dorothy，Martha，Jun)がイヤホン(earbuds)とヘッドホン(headphones)の使用について意見交換をしています。

Professor Green	
Dorothy	
Martha	
Jun	

＊3-66 **問36**　会話が終わった時点で，イヤホンの使用に**賛成した人**は四人のうち何人でしたか。四つの選択肢(①～④)のうちから一つ選びなさい。 36

① 1人
② 2人
③ 3人
④ 4人

問37 会話を踏まえて，Professor Green の意見を最もよく表している図表を，四つの選択肢（①～④）のうちから一つ選びなさい。 37

①

Earbuds and Hearing Loss

Hearing Loss

Frequency of Earbuds Use

②

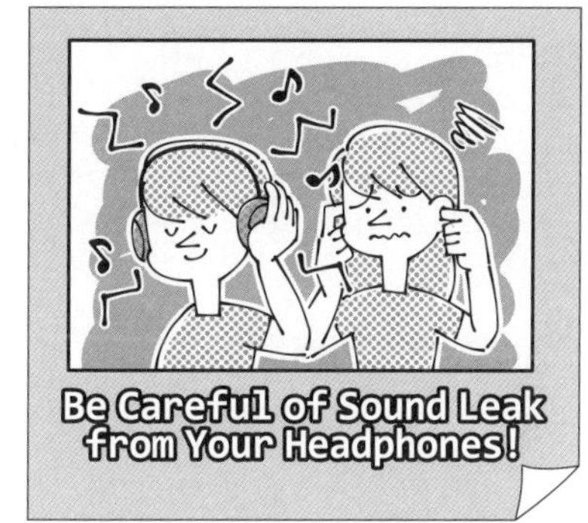

Be Careful of Sound Leak
from Your Headphones!

③

Noise Level

140db Fireworks

100db Helicopter

50db Conversation

10db Breathing

④

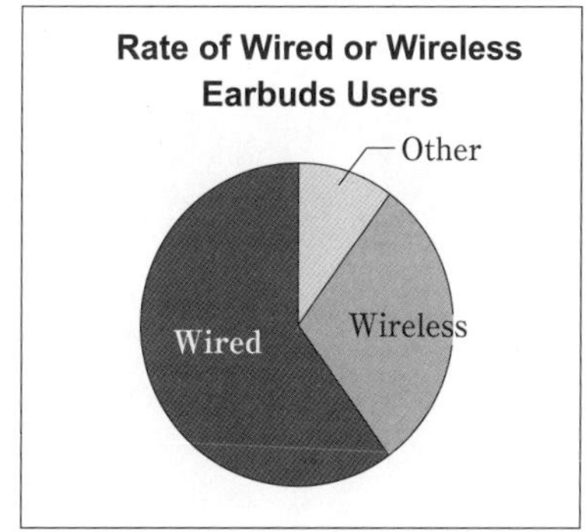

Active Listening 大学入学共通テスト対応リスニング 10分＋30分

解答用紙［第１回］

注意事項

1. 訂正は，消しゴムできれいに消し，消しくずを残してはいけません。
2. 所定欄以外にはマークしたり記入したりしてはいけません。
3. 汚したり，折りまげたりしてはいけません。

	解答番号	解答欄										配点	小計
		1	2	3	4	5	6	7	8	9	0		
第1問A	1	①	②	③	④	⑤	⑥	⑦	⑧	⑨	⓪	4	
	2	①	②	③	④	⑤	⑥	⑦	⑧	⑨	⓪	4	
	3	①	②	③	④	⑤	⑥	⑦	⑧	⑨	⓪	4	
	4	①	②	③	④	⑤	⑥	⑦	⑧	⑨	⓪	4	/16
第1問B	5	①	②	③	④	⑤	⑥	⑦	⑧	⑨	⓪	3	
	6	①	②	③	④	⑤	⑥	⑦	⑧	⑨	⓪	3	
	7	①	②	③	④	⑤	⑥	⑦	⑧	⑨	⓪	3	/9
第2問	8	①	②	③	④	⑤	⑥	⑦	⑧	⑨	⓪	4	
	9	①	②	③	④	⑤	⑥	⑦	⑧	⑨	⓪	4	
	10	①	②	③	④	⑤	⑥	⑦	⑧	⑨	⓪	4	
	11	①	②	③	④	⑤	⑥	⑦	⑧	⑨	⓪	4	/16
第3問	12	①	②	③	④	⑤	⑥	⑦	⑧	⑨	⓪	3	
	13	①	②	③	④	⑤	⑥	⑦	⑧	⑨	⓪	3	
	14	①	②	③	④	⑤	⑥	⑦	⑧	⑨	⓪	3	
	15	①	②	③	④	⑤	⑥	⑦	⑧	⑨	⓪	3	
	16	①	②	③	④	⑤	⑥	⑦	⑧	⑨	⓪	3	
	17	①	②	③	④	⑤	⑥	⑦	⑧	⑨	⓪	3	/18
第4問A	18	①	②	③	④	⑤	⑥	⑦	⑧	⑨	⓪	4	
	19	①	②	③	④	⑤	⑥	⑦	⑧	⑨	⓪		
	20	①	②	③	④	⑤	⑥	⑦	⑧	⑨	⓪		
	21	①	②	③	④	⑤	⑥	⑦	⑧	⑨	⓪		
	22	①	②	③	④	⑤	⑥	⑦	⑧	⑨	⓪	1	
	23	①	②	③	④	⑤	⑥	⑦	⑧	⑨	⓪	1	
	24	①	②	③	④	⑤	⑥	⑦	⑧	⑨	⓪	1	
	25	①	②	③	④	⑤	⑥	⑦	⑧	⑨	⓪	1	/8
第4問B	26	①	②	③	④	⑤	⑥	⑦	⑧	⑨	⓪	4	/4
第5問	27	①	②	③	④	⑤	⑥	⑦	⑧	⑨	⓪	3	
	28	①	②	③	④	⑤	⑥	⑦	⑧	⑨	⓪	2	
	29	①	②	③	④	⑤	⑥	⑦	⑧	⑨	⓪		
	30	①	②	③	④	⑤	⑥	⑦	⑧	⑨	⓪	2	
	31	①	②	③	④	⑤	⑥	⑦	⑧	⑨	⓪		
	32	①	②	③	④	⑤	⑥	⑦	⑧	⑨	⓪	4	
	33	①	②	③	④	⑤	⑥	⑦	⑧	⑨	⓪	4	/15
第6問A	34	①	②	③	④	⑤	⑥	⑦	⑧	⑨	⓪	3	
	35	①	②	③	④	⑤	⑥	⑦	⑧	⑨	⓪	3	/6
第6問B	36	①	②	③	④	⑤	⑥	⑦	⑧	⑨	⓪	4	
	37	①	②	③	④	⑤	⑥	⑦	⑧	⑨	⓪	4	/8

組	番号	名前

得点
/100

Active Listening 大学入学共通テスト対応リスニング 10分＋30分

解答用紙［第 2 回］

注意事項

1．訂正は，消しゴムできれいに消し，消しくずを残してはいけません。
2．所定欄以外にはマークしたり記入したりしてはいけません。
3．汚したり，折りまげたりしてはいけません。

	解答番号	解答欄										配点	小計
		1	2	3	4	5	6	7	8	9	0		
第1問A	1	①	②	③	④	⑤	⑥	⑦	⑧	⑨	⓪	4	
	2	①	②	③	④	⑤	⑥	⑦	⑧	⑨	⓪	4	
	3	①	②	③	④	⑤	⑥	⑦	⑧	⑨	⓪	4	
	4	①	②	③	④	⑤	⑥	⑦	⑧	⑨	⓪	4	/16
第1問B	5	①	②	③	④	⑤	⑥	⑦	⑧	⑨	⓪	3	
	6	①	②	③	④	⑤	⑥	⑦	⑧	⑨	⓪	3	
	7	①	②	③	④	⑤	⑥	⑦	⑧	⑨	⓪	3	/9
第2問	8	①	②	③	④	⑤	⑥	⑦	⑧	⑨	⓪	4	
	9	①	②	③	④	⑤	⑥	⑦	⑧	⑨	⓪	4	
	10	①	②	③	④	⑤	⑥	⑦	⑧	⑨	⓪	4	
	11	①	②	③	④	⑤	⑥	⑦	⑧	⑨	⓪	4	/16
第3問	12	①	②	③	④	⑤	⑥	⑦	⑧	⑨	⓪	3	
	13	①	②	③	④	⑤	⑥	⑦	⑧	⑨	⓪	3	
	14	①	②	③	④	⑤	⑥	⑦	⑧	⑨	⓪	3	
	15	①	②	③	④	⑤	⑥	⑦	⑧	⑨	⓪	3	
	16	①	②	③	④	⑤	⑥	⑦	⑧	⑨	⓪	3	
	17	①	②	③	④	⑤	⑥	⑦	⑧	⑨	⓪	3	/18
第4問A	18	①	②	③	④	⑤	⑥	⑦	⑧	⑨	⓪	4	
	19	①	②	③	④	⑤	⑥	⑦	⑧	⑨	⓪		
	20	①	②	③	④	⑤	⑥	⑦	⑧	⑨	⓪		
	21	①	②	③	④	⑤	⑥	⑦	⑧	⑨	⓪		
	22	①	②	③	④	⑤	⑥	⑦	⑧	⑨	⓪	1	
	23	①	②	③	④	⑤	⑥	⑦	⑧	⑨	⓪	1	
	24	①	②	③	④	⑤	⑥	⑦	⑧	⑨	⓪	1	
	25	①	②	③	④	⑤	⑥	⑦	⑧	⑨	⓪	1	/8

	解答番号	解答欄										配点	小計
第4問B	26	①	②	③	④	⑤	⑥	⑦	⑧	⑨	⓪	4	/4
第5問	27	①	②	③	④	⑤	⑥	⑦	⑧	⑨	⓪	3	
	28	①	②	③	④	⑤	⑥	⑦	⑧	⑨	⓪	2	
	29	①	②	③	④	⑤	⑥	⑦	⑧	⑨	⓪		
	30	①	②	③	④	⑤	⑥	⑦	⑧	⑨	⓪	2	
	31	①	②	③	④	⑤	⑥	⑦	⑧	⑨	⓪		
	32	①	②	③	④	⑤	⑥	⑦	⑧	⑨	⓪	4	
	33	①	②	③	④	⑤	⑥	⑦	⑧	⑨	⓪	4	/15
第6問A	34	①	②	③	④	⑤	⑥	⑦	⑧	⑨	⓪	3	
	35	①	②	③	④	⑤	⑥	⑦	⑧	⑨	⓪	3	/6
第6問B	36	①	②	③	④	⑤	⑥	⑦	⑧	⑨	⓪	4	
	37	①	②	③	④	⑤	⑥	⑦	⑧	⑨	⓪	4	/8

組	番号	名前

得点
/100

Active Listening 大学入学共通テスト対応リスニング 10分＋30分

ふり返りシート

▶問題形式別（10分）

	Lesson 1	Lesson 2	
	月　日	月　日	
第 1 問A	/16	/16	/32

	Lesson 3	Lesson 4	
	月　日	月　日	
第 1 問B	/9	/9	/18

	Lesson 5	Lesson 6	Lesson 7	
	月　日	月　日	月　日	
第 2 問	/16	/16	/16	/48

	Lesson 8	Lesson 9	Lesson 10	
	月　日	月　日	月　日	
第 3 問	/12	/12	/12	/36

	Lesson 11	Lesson 12	Lesson 13	
	月　日	月　日	月　日	
第 4 問A	/8	/8	/8	/24

	Lesson 14	Lesson 15	Lesson 16	
	月　日	月　日	月　日	
第 4 問B	/4	/4	/4	/12

	Lesson 17	Lesson 18	Lesson 19	
	月　日	月　日	月　日	
第 5 問	/15	/15	/15	/45

	Lesson 20	Lesson 21	Lesson 22	
	月　日	月　日	月　日	
第 6 問A	/6	/6	/6	/18

	Lesson 23	Lesson 24	Lesson 25	
	月　日	月　日	月　日	
第 6 問B	/8	/8	/8	/24

▶本番形式(30分)

	第1回	第2回
	月　日	月　日
第1問A	/16	/16
第1問B	/9	/9
第2問	/16	/16
第3問	/18	/18
第4問A	/8	/8
第4問B	/4	/4
第5問	/15	/15
第6問A	/6	/6
第6問B	/8	/8
合　計	/100	/100

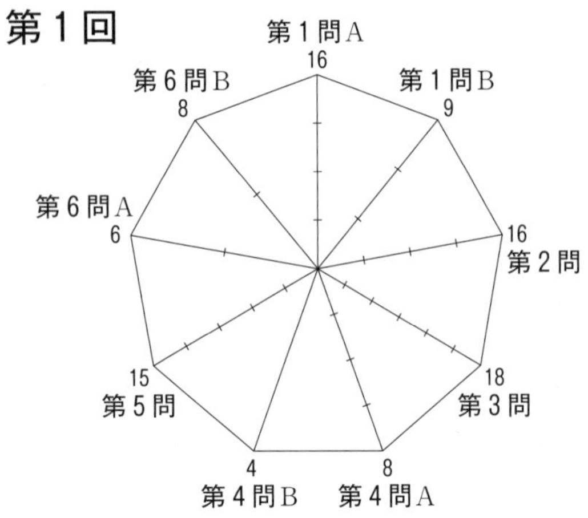

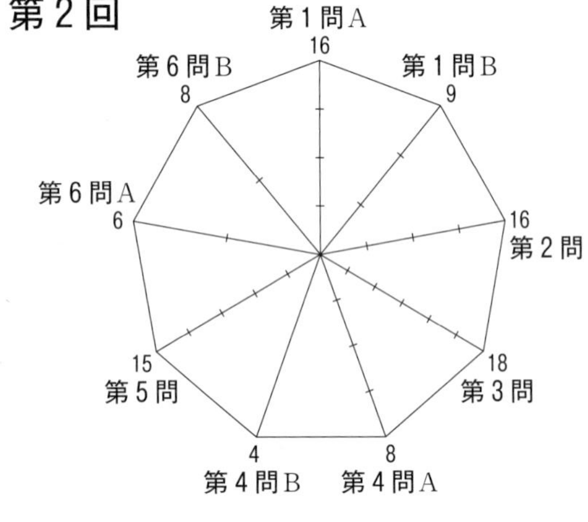